はじめに　本書をお使いになる前に読んでおいていただきたいこと。

本書は秘書およびオフィス実務を学ぶためのテキストワークブックです。

本書の特長は以下のとおりです。

1　実務の項目ごとに習得するのに効果的と思われるフローを構築いたしました。実務の教育方法には、講義、ロールプレイング、グループディスカッション、ケーススタディなどがありますが、従来の教育方法は学ぶ項目にかかわりなく、講義→ロールプレイング、講義→グループディスカッションと習慣的にその組み合わせを行ってきた傾向があります。しかし、本書では各項目ごとに効果的と思われる組み合わせを考え、所要時間を付記して、具体的なフローを作り上げました。

2　すべての項目は原稿作成後、著者が実際に秘書実務演習で使用し、学生からの反応を見ながら訂正・加筆いたしました。その分、制作に時間がかかりましたが、実際に使いやすいように工夫しました。学生の反応やレポートなども適宜組み入れてあります。

3　ロールプレイング、グループディスカッション、ケーススタディなどの演習に重点を置きました。ユニークで実践力のつく演習を独自に考案し、特にグループディスカッションやケーススタディは、著者が経験した実際の事例をもとにしています。学生がグループで経験を共有しながら、互いに切磋琢磨して、気づきながら向上していくことを目指しています。

4　本書では講義・指導におけるポイント、演習の解答の好ましい例、演習を行った学生の反応、またミニノウハウなどを記載し、講師がそれらを参考にしてそれぞれの目的にかなった授業を展開できるようにとの願いを込めて作成してあります。

　秘書・オフィス業務は一見簡単なようで、かつ初歩的な基本活動なのですが、積み重ね的な実地体験を必要とすることから習得するにはなかなか忍耐を要します。しかも現存するこれらの基本実務は、急速な情報化や価値観の多様化の中で変化を迫られているものでもあります。しかし、先進的なオフィス実務といえども本書で記述した基本実務をふまえてはじめて応用できることであり、これらの習得がオフィス業務の質の向上のためにも極めて重要であることを強調したいと思います。

　なお、繰り返しになりますが、本書の演習は著者が学生に実施し、その反応や効果などをつかみながら作り上げたものです。本書をお使いになった先生方の率直なご意見をいただきながら、今後も訂正・加筆して、よりよいものにしたいと思っております。先生方からご批評、ご意見などをお寄せいただければ幸甚でございます。

武田　秀子

岡田小夜子

目次

本書の使い方

　本書は第１〜第11章に分かれています。章ごとにフローに従って、授業を展開できるように構成してあります。

■フロー

　その章の授業の進め方を一覧にしたもの。講義や演習など、それぞれに所要時間が記されています。

■授業の開始

　フローに従って記述してあります。

・授業の進め方……特に演習の進め方は、具体的に述べてあります。

・ポイント……演習および講義を進める上で鍵となるもの。演習の目的や講師が説明する上で押さえていただきたいポイントなどを明記してあります。

・ミニノウハウ……授業を進める上で気をつけていただきたいこと、その項目に関連した情報、学生の反応などを記してあります。

・好ましい例……演習の解答となる一例

第1章 言葉遣い

■フローの例

Lesson1 口の体操（**5分**）
↓
Lesson2 グループディスカッション【言葉遣いの問題意識を養う】（**10分**）
↓
講義【**Lesson3** 言葉遣いの意義】
↓
【**Lesson4** 敬語の種類】
↓
【**Lesson5** 敬語の作り方】（**20分**）
↓
Exercise1 正しい敬語にしましょう【尊敬語・謙譲語】（**10分**）
↓
Exercise2 暗記しましょう【特定の尊敬語・謙譲語】（**10分**）
↓
講義【**Lesson6** 謙譲語ⅠとⅡの違い】（**10分**）
↓
Exercise3 正しい敬語にしましょう【特定の尊敬語・謙譲語】（**10分**）
↓
Exercise4 暗記しましょう【日常の応対用語】（**15分**）
↓
講義【**Lesson7** ビジネスにおける敬語の使い分け】（**10分**）
↓
Exercise5 正しい敬語にしましょう【ウチとソトの使い分け】（**5分**）
↓
講義【**Lesson8** 注意しなければならない二重敬語】（**10分**）
↓
Exercise6 正しい敬語にしましょう【間違えやすい二重敬語】（**5分**）
↓
Exercise7 言葉遣いのロールプレイング（**10分**）
↓
Exercise8 ケース別上司やお客様との会話　何と言いますか（**25分**）
↓
まとめ（**5分**）

★所要時間は目安である。

　以下、フローに従って授業を進める

■狙い　　　　　正しい敬語、TPOにあった的確な言葉遣いを身に付けるように指導する。

Lesson1　口の体操（5分）

学生への語りかけ　「言葉遣いも大切ですが、言葉を明瞭に発声するために口の体操をしましょう」

ポイント　　　　　■全員を起立させ、腹式呼吸で大きな声で発声練習させる。講師は最初に大きな声で発声し、リードした方がよい。

ミニノウハウ　　　■背筋を伸ばすこと。あごを引くと、声の響きがよくなる。あごを上げるとのど声になってしまい、声がお腹から出ないので注意。おへそのところをぐっと引き締めるようにすると大きな声が出る。

Lesson2　グループディスカッション【言葉遣いの問題意識を養う】（10分）

狙い　　　　　　　グループ討議を通じて、言葉遣いに対する問題意識を持たせる。

ポイント　　　　　■簡単にグループに分け、グループごとに思いついたことを自由に話すように指導する。

講義【Lesson3　言葉遣いの意義】（5分）

学生への語りかけ　「今のグループ討議でどんな話が出ましたか。簡単に発表してください」

ポイント　　　　　■グループの数が多い時は、2、3のグループでもよい。

ミニノウハウ　　　■「お疲れさま」はねぎらいの言葉。しかし言葉をかければよいというものではない。次の2つのケースを考えてみよう。

　・上司が難しい仕事を終えて暑い外から帰ってきた。あなたはパソコンを打ちながら、「お疲れさまでした」とお義理につぶやいた。

　・上司が難しい仕事を終えて暑い外から帰ってきた。自分にはあの仕事の難しさが分かる。あなたは立ち上がって「大変だったでしょう。お疲れさまです」と声をかけた。

　言葉を発すれば気持ちが伝わるというものではない。自分の思いを言葉に乗せて、そして相手に届ける。届いて初めて言葉が生きる。「話し言葉」の大原則である。（「朝日新聞」より）

■目上の人に向かって可能性を聞く言葉は失礼である。「できる」「分かる」「読める」などは相手の能力を問うことになる。たとえば「私が申し上げたこと、お分かりでしょうか？」などの言い方は、いくらきちんとした敬語を使っても礼を失する。

■問いかけの言葉にするとソフトに聞こえる。たとえば「貸してください」は自分の意思の表現が強いが、「貸していただけますか？」は相手の意思を問うので、ソフトに聞こえる。

■実施したところ、学生からは次のような意見が出た。

・コンビニでバイトしたとき、一緒に働いている女の人に質問したらぶっきらぼうに答えられ、むっとした。

・デパートの店員の言葉遣いがつっけんどんだったので、買わなかった。

・店員のバイトをしたとき、お客さまに「ありがとう」と言われ、うれしかった。

講義【Lesson4　敬語の種類】

狙い　　　　　敬語の種類が中学校で習った3種類から5種類になったことを理解させる

ポイント　　　2007年（平成19年）の文化審議会の「敬語の指針」により、敬語の区分が尊敬語、謙譲語Ⅰ、謙譲語Ⅱ、丁寧語、美化語の5種類となった。

講義【Lesson5　敬語の作り方】

狙い　　　　　尊敬語と謙譲語の動詞の基本的な作り方のパターンを理解させる。

ポイント　　　基本的な作り方を学んだら、Exercise2の演習をして、書いたものを声に出して読み、尊敬語と謙譲語の基本的な形に慣れるようにする。

Exercise1　正しい敬語にしましょう【尊敬語・謙譲語】（10分）

好ましい例　　(1)おかけになりました

　　　　　　　(2)お待たせいたしました。ご案内いたします。

　　　　　　　(3)お書きになりました　(4)お預かりいたします

　　　　　　　(5)お持ちになってくださいorご持参ください

⑹ご連絡いたします

⑺教えていただきorお教えいただきor教えてくださりorお教え
くださり

⑻報告いたします　⑼お発ちになってください

⑽お待ちしております

Exercise2　暗記しましょう【特定の尊敬語・謙譲語】（10分）

暗記した言葉の演習（10分）

進め方	1　学生にそれぞれの言葉の尊敬語と謙譲語を暗記させる。
	2　時間になったら、講師が時間の許す限り一人ずつ次の方法で演習させる。
学生への語りかけ	「暗記した言葉をこれから一人ずつ言っていただきます。たとえば私（講師）が『お客様が行く』と言ったら、主語がお客様ですから、『行く』を尊敬語に換えて『お客様がいらっしゃいます』と答えてください。また、私が『私が行く』と言ったら、主語が私ですから『行く』を謙譲語の『参る』に換えて『私が参ります』と謙譲語にして答えてください」
ポイント	■表には「です・ます」が書かれていないが、演習では「いらっしゃいます」のようにして覚えさせるのが実際的である。
	■尊敬語及び謙譲語が2つ以上ある語については、そのうちの1つを答えられればよしとする。
	■学生を指名して答えさせるときは、あまり時間をおかずにリズミカルに進めた方が効果的のようである。

講義【Lesson6　謙譲語Ⅰと謙譲語Ⅱの違い】（10分）

狙い	前述の文化審議会の「敬語の指針」により、謙譲語Ⅰと謙譲語Ⅱに分けられた。謙譲語Ⅱは丁重語と言い、立てる相手の有無によって使い分ける。
ポイント	謙譲語Ⅱは「参る、申す、いたす、おる」くらいであり、そのほかは従来の謙譲語Ⅰである。説明のあとにExercise 3の演習をする。

10

Exercise3　正しい敬語にしましょう【特定の尊敬語・謙譲語】（10分）

好ましい例　　　⑴いらっしゃいましたorお見えになりましたorおいでになりましたorお越しになりました

⑵お借りになったようです　⑶参ります　⑷申しました

⑸お目にかかりたい　⑹ご存じで　⑺ご覧になって

⑻なさって　⑼いらっしゃいます　⑽参ります

Exercise4　暗記しましょう【日常の応対用語】（15分）

暗記した用語の演習（10分）

進め方　　　　**1**　日常の応対用語を理解する。

2　学生にそれぞれの「好ましい用語例」を暗記させる。

3　時間になったら、講師が時間の許す限り一人ずつ次の方法で演習させる。

学生への語りかけ　　「暗記した言葉をこれから一人ずつ言っていただきます。たとえば私（講師）が『お客様が言いました』と言ったら、『お客様がおっしゃいました』と好ましい言葉に変えて答えてください。

ポイント　　　■「できません」など、不可能なことを表すときは「申し訳ございませんが」や「恐れ入りますが」などのようなクッション言葉を冒頭に付けたほうがソフトな表現になる。

■「そちら様の会社は」は、その場の状況に応じて「こちら様の会社」になる。

■断るときの言葉、たとえば「いたしかねます」などは、言い切るよりも「いたしかねますが…」のように、余韻を残したほうが、言葉としては不完全だが、感じがよい。

ミニノウハウ　　　■「あなたの申されたことは」などというのをしばしば耳にする。「申された」の「れ」は尊敬の助動詞であるから、その限りでは、この言い方は尊敬を表す表現と言えないこともない。ところが「申す」はもともと人間が神に言上すること、目下の者から目上の者に言うことを表すものであって謙譲語であった。だから「上げる」という謙譲語といっしょになって「申し上げる」などと言う。従って相手の言うことを「申す」とするのは誤りである。（文化庁「ことばシリーズ1　敬語」p66

講義【Lesson7 ビジネスにおける敬語の使い分け】（10分）

<u>狙い</u>　　　　　ウチとソトの使い分け、またそれに伴う自分と相手の言い方を理解する。説明のあとにExercise5を演習する。

Exercise5 正しい敬語にしましょう【ウチとソトの使い分け】（5分）

<u>好ましい例</u>　　⑴ございます　⑵されましたorなさいました　⑶参ります
⑷申し訳ございません。山本課長はただいま席をはずしていらっしゃいます。
⑸私どもの（部長の）山本はそのことを存じておりますでしょうか

講義【Lesson8 注意しなければならない二重敬語】（10分）

<u>ポイント</u>　　　二重敬語の説明のあとに、Exercise6を演習する。
主に「お」は和語に、「ご」は漢語につく。従って「お」を付けるとソフトに響くので話し言葉に向いている。一方「ご」を付けると簡潔に聞こえるので文書に向いている。

Exercise6 正しい敬語にしましょう【間違えやすい二重敬語】（5分）

<u>好ましい例</u>　　⑴部長は明日休暇をおとりになるとおっしゃいました
⑵山田様はもうお帰りになりました
⑶課長は報告書をお読みになりました

Exercise7 言葉遣いのロールプレイング（10分）

<u>狙い</u>　　　　　言葉はそれぞれの状況とともに覚えた方が身に付けやすい。いろいろな状況のもとで的確・迅速に正しい言葉遣いができるように指導する。正解はないが、役割に応じて素早く答えらえるようにする。

<u>進め方【1回目】</u>　学生を2人指名し、皆の前に出てきてもらい、役割になりきって原稿どおりに読むように指示する。次に今の言葉遣いを、それぞれの役割の中で的確な言葉遣いと思うものに言い換えさせる。

【2回目】　　　違う学生を3人指名する。1人は台詞を読む学生である。台詞を読む人は台詞ごとに区切って読む。役割のある学生はその台詞ごとに的確な言葉遣いに直して言う。

ポイント　　　■1回目は目で見た言葉を直す演習であり、2回目は耳から聞いた言葉を直す演習である。時間がなかったら抜粋して演習する。

Exercise8　ケース別　上司やお客様との会話　何と言いますか？（25分）

ポイント　　　■状況に応じた上司やお客様に対する言葉遣いを的確にできるように指導する。必要に応じて、尊敬語や謙譲語を用いる理由を説明する。

進め方　　　ケース1につき、学生を1人指名し、まず状況を大きな声で読ませる。次にその場合の言葉遣いを言わせる。時間がなかったら抜粋して演習する。

好ましい例　**CASE1**　課長、A社の山田課長様がお見えになりました。

　　　　　　　CASE2　申し訳ありません。課長はただいま、電話中でございますので、こちらで少々お待ちくださいますか。

　　　　　　　CASE3　課長、お帰りなさい（ませ）。
　　　　　　　（注）「ご苦労様でした」は目上から目下にかける言葉なので、学生が使わないように指導する。

　　　　　　　CASE4　課長、ただいま（すぐ）参ります。

　　　　　　　CASE5　「部長は出席する」とおっしゃっています。

　　　　　　　CASE6　○○さん、お忙しいところ申し訳ありませんが、日本株式会社の電話番号を教えてください（ますか）。

　　　　　　　CASE7　ご返事はまだいただいておりません。

　　　　　　　CASE8　ご心配をおかけいたしました。おかげ様で母はすっかりよくなりました。ありがとうございました。

　　　　　　　CASE9　はい、部長は先程出張からお戻りになりました（お帰りになりました）。

　　　　　　　CASE10　課長、お忙しいところ申し訳ありませんが、来週の金曜日、休暇を取らせていただけませんか。
　　　　　　　（注）有給休暇なので休んで当然という態度をしないこと。

CASE11 課長、研修会に参加させていただいてありがとうございました。おかげ様で大変参考になりました。

CASE12 申し訳ございません。すぐに10部用意いたします。

CASE13 どうぞお召し上りください。

CASE14 ただいま課長が申し上げたテーマについて説明させていただきます。

（注）学生は社内会議と社外会議の意味を把握していないことがあるので、きちんとその意味を説明するとよい。

CASE15 課長がおっしゃったことについて私の考えを述べさせていただきます。

CASE16 恐れ入りますが、受付でお尋ねになっていただけますか（受付まで案内する方がよい）。

（注）学生は「伺っていただけますか」と言いがちだが、「伺う」は謙譲語。

CASE17 課長、今朝の新聞をご覧になりましたか（お読みになりましたか）。

CASE18 こちらが部長の木村で、こちらが松村課長（様）です。

（注）他社の人に自社の人を紹介する場合は自社の人が先。

まとめ（5分）

<u>学生への語りかけ</u>　「話す言葉は紙に記録として残るものではありませんが、ときには温かい印象となったり、ときには苦い印象となったりして、相手の心に記録され、消えることはありません」

14

第2章 ビジネスマナー

■フローの例

Lesson1 考えてみましょう（**5分**）
↓
考えたことの発表（**5分**）
↓
Lesson2 おじぎの仕方　Exercise1 ロールプレイング（**30分**）
↓
講義【**Lesson3** 来客応対の流れ⑴】（**10分**）
↓
Exercise2 ロールプレイング（**20分**）
　　　　　　①名刺を出されるケース
↓　　　　②口頭で名乗られるケース
　　　　　　③名前も言わず、名刺も出さないケース
講義【**Lesson4** 来客応対の流れ⑵】（**10分**）
↓
講義【**Lesson5** 応接室の席順】（**5分**）
↓
Exercise3 ロールプレイング（**15分**）
　　　　　　①約束のあるお客様を上司に取り次ぎ、案内するケース
↓　　　　②アポイントメントがないケース
　　　　　　③名指し人不在で代わりに伝言を受けるケース
Exercise4 ロールプレイング　お茶の出し方（**40分**）
↓
Lesson6 受付応対の特別なケース　Exercise5 グループディスカッション
①〜②（各**10分**×2＝**20分**）
　　　　　　①上司は在席しているが、上司が会う必要なしと
↓　　　　　判断された来客を断る時
　　　　　　②お客様が約束の時間を間違えて訪問してきた時
Exercise6 グループワーク（**15分**×3＝**45分**）
　　　　　　①約束のない客を断る場合
↓　　　　②売り込み客を断る場合
　　　　　　③お客様が約束の時間を間違えて2時間遅れた場合
講義【**Lesson7** 名刺交換の仕方】（**5分**）
↓
Exercise7 名刺交換ロールプレイング（**10分**）
↓
講義【**Lesson8** 紹介の仕方　**Lesson9** 訪問・応接室のマナー】（**15分**）
↓
まとめ（**5分**）

★所要時間は目安である。

■狙い ビジネスマナーの基本を理解させるとともに、その場に応じた言葉遣い・動作が的確にできるようにする。

Lesson1 考えてみましょう（5分）
考えたことの発表（5分）
<u>狙い</u> 興味を抱かせ、やる気を起こさせることを狙いとする。

<u>進め方</u> 学生を数人指名して、考えたことを発表させる。発表に対して簡単にコメントして、ビジネスマナーを学ぶ意義について説明する。

Lesson2 おじぎの仕方（30分）

Exercise1 ロールプレイング　おじぎの仕方

Lesson3 来客応対の流れ⑴

Exercise2 ロールプレイング（20分）

<u>進め方</u>　**1** 名刺大の白紙カードを学生数準備し、各学生に適当な会社名と自分の名前を書かせる。
2 それぞれのケースのロールプレイングをまず講師がやってみせる。
3 問題の（　）の中には学生がカードに書いた社名と名前を入れて演じるように指導する。
4 学生をペアにし、受付と来客の役割をそれぞれ演習させる。
5 時間の許す限り、ペアを指名し、皆の前で演習させる。

<u>コメント</u>　■「お待ちしておりました」という言葉はアポイントメントがあり、時間どおりに来社された方に対してのみ使う。遅れたお客様にはむしろ失礼である。

<u>ロールプレイング</u>　■おじぎの仕方
<u>のポイント</u>　■お客様を見る視線
　　　　　　　　■言葉遣い

Lesson4 来客応対の流れ⑵

16

講義【Lesson5　応接室の席順】（5分）

<u>ポイント</u>　　　　■席順の基本は、入口から遠いところ、同じ位置なら向かって左が上座であるとされている。

Exercise3　受付応対ロールプレイング（20分）
ロールプレイング①約束のあるお客様を上司に取り次ぎ、案内するケース

<u>進め方</u>　　　　1　学生を3人のグループに分ける。
　　　　　　　　2　受付、来客、上司の役割をそれぞれ演習させる。
　　　　　　　　3　時間の許す限り、グループを指名し、皆の前で演習させる。
<u>ポイント</u>　　　　■「お待ちしておりました」をはっきり申し上げると、お客様は気持ちが良い。

ロールプレイング②アポイントメントがないケース

<u>進め方</u>　　　　1　学生を3人のグループに分ける。
　　　　　　　　2　受付、来客、上司の役割をそれぞれ演習させる。
　　　　　　　　3　時間の許す限り、グループを指名し、皆の前で演習させる。
　　　　　　　　4　会議中の上司に差し出すメモの書き方を指導する。

メモの例

```
（　　）会社の（　　）様が、
転勤のご挨拶にいらっしゃいました。

□お待ちいただく（　　）分

□○○さんに代わりに会っていただく

□会議中なのでお引き取りいただく
```

<u>ポイント</u>　　　　■会議中なので上司が声に出して指示しないですむようなメモを書けるように指導する。
　　　　　　　　■メモは手早く書けるように指導する（手間取るとお客様をよりお待たせしてしまうことになる）。

ロールプレイング③名指し人不在で代わりに伝言を受けるケース

進め方　　　　1　学生を２人のグループに分ける。

　　　　　　　2　受付、来客の役割をそれぞれ演習させる。

　　　　　　　3　時間の許す限り、グループを指名し、皆の前で演習させる。

ポイント　　　■上司が留守ということがあらかじめ分かっている場合は、す
　　　　　　　ぐに不在を告げた方がよい。お客様のお名前や用件を伺ってか
　　　　　　　ら断ると、不愉快に思われる方もいらっしゃるので注意する。

Exercise4　ロールプレイング　お茶の出し方

Lesson6　受付応対の特別なケース　Exercise5　グループディスカッション
　　　　（各10分×2＝20分）

進め方　　　　1　受付応対の特別なケースではどのように応対するかを、グ
　　　　　　　ループごとに討議させる。

　　　　　　　2　1つのケースについて、グループごとにグループ討議の結
　　　　　　　果を発表させ、以下の応対のポイントと適した言葉遣いを説明
　　　　　　　し、テキストに書かせる。

CASE1　上司は在席しているが、上司が会う必要なしと判断された客を断る時。

応対のポイント	適した言葉遣いの例
・丁寧に、しかも毅然とした態度で。 ・断る理由はできるだけ述べた方がよい。その際はその理由をこちら側のせいにした方がお客様の心証を害さない。 ・お役に立てなくて申し訳ないという気持ちを言葉で表す努力が必要。 ・今後とも会いたくないという客の場合には、その場のがれの言い方をしない。またいつか会えるという希望を相手に持たせるような断り方をしないこと。	「誠に申し訳ございませんが、○○はただいま緊急の用件を検討しておりまして手が離せませんので、そのことをご説明申し上げて、ご用件を承っておくように申しております」

CASE2　お客様が約束の時間を間違えて訪問してきた時。

応対のポイント	適した言葉遣いの例
・言い間違い、聞き間違いの場合があるので、どちらのミスかわからない。このような時は、たとえお客様が間違えていると分かっていても責任を明らかにしない。	・お客様が遅れた場合 「申し訳ございません。○○は先刻までお待ちしておりましたが、外出いたしました」 ・お客様が早すぎた場合 「申し訳ございません。○○は2時のお約束と思っておりましたので、ただいま会議に入っております」

Exercise6　グループワーク（各15×3＝45分）

<u>進め方</u>　　　　　1　グループに分かれ、それぞれの状況においての客と受付の言葉をテキストを参考に考えさせる。

2　グループからペアを選び、客と受付になって、皆の前でロールプレイングさせる。

3　①〜③のロールプレイングは時間がかかるので、学生の興味度と習熟度に適したものを選び、演習するとよい。

①CASE1　約束のないお客様を断る場合

<u>好ましい例</u>　　　「誠に申し訳ございませんが、松本はどうしても手が離せない用件がございまして、私がご用向きを伺うようにと申しつかりました。せっかくおいでいただきましたのに恐縮でございますが、（ご用向きを）伺わせていただけませんでしょうか」

②CASE2　売り込みの客を断る場合

<u>好ましい例</u>　　　「せっかくおいでくださいましたのに申し訳ございませんが、その件に関しましては、別の会社に決定したばかりでございますので、今回は見送らせていただきたいとのことでございます。また機会がございましたら、よろしくと申しております」

③CASE3　お客様が約束の時間を間違えて２時間遅れた場合

好ましい例　　　「申し訳ございません。田中のスケジュールには２時となって
　　　　　　　　おりましたので３時15分までお待ちしておりましたが、３時20
　　　　　　　　分に外出いたしました。私が鈴木部長様に昨日確認すればよろ
　　　　　　　　しかったのですが、申し訳ございません」

ポイント　　　　■相手を非難する言葉を言わない。
　　　　　　　　■大切なアポイントメントの場合は前日か前々日にこちらから
　　　　　　　　確認の連絡を入れておくことが秘書としての心構えである。
　　　　　　　　■時間は24時間表記と12時間表記があるので、間違えないよう
　　　　　　　　に注意すること。

講義【Lesson7　名刺交換の仕方】（5分）

進め方　　　　　講師はテキストの流れに従い、説明しながら自らやってみせる
　　　　　　　　方が分かりやすい。

Exercise7　名刺交換のロールプレイング（10分）

準備するもの　　学生１人につき１枚の名刺を用意する（予め白紙カードを配
　　　　　　　　り、既存の名刺のように会社名と名前を書かす。会社名は自由
　　　　　　　　でよい）。

進め方【１回目】　・学生をペアにして、それぞれ名刺交換をさせる。
　　　【２回目】　・１グループ５人くらいとし、グループ内で１人対４人の名刺
　　　　　　　　　交換を練習させる。次に皆の前でロールプレイングさせる。

講義【Lesson8　紹介の仕方、Lesson9　訪問・応接室のマナー】（15分）

進め方　　　　　講師はテキストの流れに沿って、説明しながら自らやってみる。

まとめ（5分）

学生への語りかけ　「今日は形の上のビジネスマナーを勉強しましたが、マナーの
　　　　　　　　基本は人に対する思いやりの心です。思いやりとは人に対する
　　　　　　　　気配りももちろんですが、人を不愉快にさせないことも思いや
　　　　　　　　りです。たとえば職場で叱られた時、すぐに泣く人がいます
　　　　　　　　が、その涙は悔し涙であれ、悲し涙であれ、叱った人を不愉快
　　　　　　　　にさせます。このように人に迷惑をかけないこと、不愉快な思
　　　　　　　　いをさせないことが、マナーの基本であることを忘れないよう
　　　　　　　　にしましょう。」

第3章 電話応対

■フローの例

Lesson1 グループディスカッション【電話応対の問題意識を養う】（**10分**）
発表（**5分**）
↓
講義【**Lesson2** ビジネス電話の特色とその対応】
↓
講義【**Lesson3** 電話の受け方とかけ方の流れ】（**15分**）
↓
Exercise1 電話応対用語を覚えましょう（**15分**）
↓
暗記した言葉の演習（**10分**）
↓
Lesson4 電話応対　Exercise2 電話応対のロールプレイング
　　　　　①取次ぎの基本（**10分**）
↓　　　②先方が名乗らない場合（**10分**）
　　　　　③数字をメモしなければならない場合（**15分**）

講義【**Lesson5** 電話メモの書き方】（**5分**）
↓
Exercise3 電話応対のロールプレイング
　　　　　④名指し人が不在の場合（**15分**）
↓　　　⑤伝言を受ける場合（**15分**）
　　　　　⑥調べるのに時間がかかる場合（**15分**）
　　　　　⑦他社の秘書から上司への電話を取り次ぐ場合（**15分**）

講義【**Lesson6** FAXの送り方】（**10分**）
↓
Lesson7 あなたならどうしますか　Exercise4　ケーススタディ【電話が
あったことを伝えなくてもよいと言われたら】（**15分**）
↓
講義【**Lesson8** 国際電話の受け方】（**10分**）
↓
まとめ（**5分**）

★所要時間は目安である。

授業の開始	以下、フローに従って授業を進める

■狙い　　　　　　個人電話とビジネス電話のかけ方・受け方の違いを理解させる
とともに、ビジネス電話のかけ方・受け方を学ぶ。

Lesson1　グループディスカッション【電話応対の問題意識を養う】(10分)

狙い　　　　　　　グループ討議を通じて、電話応対に対する問題意識を持たせる。

ポイント　　　　　■簡単にグループに分け、グループごとに思いついたことを自
由に話すように指導する。

発表（5分）

学生への語りかけ　「今のグループでどんな話が出ましたか。簡単に発表してくだ
さい」

ポイント　　　　　■グループの数が多いときは、2、3のグループでもよい。
■意見は板書すると分かりやすい。板書した後で電話応対の意
義について説明する。

ミニノウハウ　　　■実施したところ、学生からは次のような意見が出た。

感じが良かった電話	感じが悪かった電話
・敬語がきちんとしている	・名乗らない
・明るい調子	・ぶっきらぼう
・優しい感じ	・無言電話
・丁寧な話し方	・いきなり話しだす
・すぐに電話に出る	・こちらが言うことがあるのにさっさと切る
・挨拶をする	・話が長い
・間違い電話をかけた時に優しい応対をされた	・間違い電話で謝らない
・名指し人が留守のときの対応がよい	・挨拶をしない
・はきはきしている	・早口
・聞き取りやすい	・敬語を使わない
・用件を分かりやすく言う	・時間を考えない（早朝、食事どき）
・声が大きい	

講義【Lesson2　ビジネス電話の特色とその対応　Lesson3　電話の受け方とかけ方の流れ】（15分）

<u>進め方</u>	テキストの流れに沿って解説および補足説明をする。
<u>ミニノウハウ</u>	■ビジネスコールの十大原則

1　まずは名を名乗れ…社名と名前を告げてから、用件を伝えることは基本中の基本。

2　「もしもし」は言うな。

3　無礼者！　オンフック…怠慢な姿勢はタイムラグで分かる。必ず受話器をとってからダイヤルする。

4　左手に受話器、右手にメモ…会話で予想される質問事項やデータは予め用意しておく。

5　3コール以内に出ること…鳴ったらすかさず出る。

6　伝言は必ず復唱…復唱した後には自分の名前も告げる。

7　たばこ、飲食はわかる…電話中にたばこを吸ったり、飲食をすると相手は不愉快に感じるはず。

8　居留守はジェスチャーで。声は出さない…居留守を使うときは絶対に声を出さない。

9　保留リミットは20秒…待つ人間には20秒でも長く感じるもの。それ以上かかる時は一度でて詫びるか、かけ直すようにする。

10　切る時は指を使う…受話器を置いた時の音で印象はかなり変わる。ひと呼吸おいてから静かに指でフックを押すのがベスト。（「**Gainer**」より）

■電話で復唱する時は、「明日の何時」と言わずに、「何月何日何曜日の何時」と、必ず月日と曜日をつけるようにすると間違いを起こしにくい。

■電話で間違えやすい発音には次のようなものがある。

　1（いち）と7（しち）　3つと6つ　10枚と10万

　4日と8日　医師と技師　私立と市立

　DとT　TとP　GとJ　MとN

■電話で間違えやすい数字は次のように発音するとよい。

　7しち→なな　4し→よん　9く→きゅう　0れい→ぜろ

■電話で間違えやすいアルファベットは次のように国名と都市名などのイニシャルをつけて言うと分かりやすい。

A	America	B	Bombay	C	China
D	Denmark	E	England	F	France
G	Germany	H	HongKong	I	Italy
J	Japan	K	King	L	London
M	Mexico	N	NewYork	O	Oslo
P	Paris	Q	Queen	R	Rome
S	Spain	T	Tokyo	U	Union
V	Victory	W	Washington	X	Xray
Y	Yellow	Z	Zebra		

■復唱するときは「そういたしますと…」「確認させていただきます」「復唱させていただきます」などで始めると、まとめやすい。

■名指し人が不在の時に、先方の名前をたずねてから不在を告げると、相手は不愉快に感じることがある（自分の名前を聞いて居留守をつかわれたと思われる場合がある）。

■待たせるときはこちらからかけ直す。待たせる側と待つ側では時間の感覚が違う。待たせる時間は10～15秒くらいにする。調べたりすることがあれば、理由を説明して、こちらからかけ直す方が親切である。

■取り次いだ受話器を渡す時は、両手が原則。片手で送話口を押さえて、両手で手渡すと美しい動作になる。

Exercise1 電話応対用語を覚えましょう（15分）
暗記した言葉の演習（10分）

進め方　　　　1　学生に暗記させる前に状況とポイントを詳しく説明する。
2　学生にそれぞれ状況に応じた電話応対の言葉遣いを暗記させる。
3　時間になったら、講師が状況を言い、その場合の言葉遣いを学生に答えさせる。

ポイント　　　■学生を指名して答えさせるときは、あまり時間をおかずにリズミカルに進めた方が効果的である。

Lesson4 電話応対　Exercise2 電話応対のロールプレイング
準備するもの　　　電話機

<u>進め方</u>　　　　　1　2人1組のペアとなって、かけ手と受け手に分かれて演習する。

2　○○会社などの○○のところには、学生に適当な名前を入れさせる。

3　最初は原稿を見ながら演習し、慣れてきたら原稿なしで言えるようにする。

4　ある程度慣れたら、学生を指名し、皆の前で演習させる。

①取り次ぎの基本（10分）

<u>ポイント</u>　　　　　■太字になっている箇所は電話の定型句なので、暗記するようにする。

■先方を確認してから取り次ぐこと。

■慣れてきたら、聞き取りにくい社名や名前を使うのもよい。

■簡単な電話でも、習慣づけるためにメモをとるように指導する。

②先方が名乗らない場合（10分）

<u>ポイント</u>　　　　　■先方の名前を聞くときは、ソフトなトーンで。

■電話の感度はとても良いので、先方を待たせるときは必ず送話口を押さえるか、保留ボタンを押すようにする。

③数字をメモしなければならない場合（15分）

<u>ポイント</u>　　　　　■数字は演習のたびに変え、大きな桁の数字も盛り込むとよい。数字を素早く、正確に書きとることを指導する。

■必ず復唱することに念を入れる。

講義【Lesson5　電話伝言メモの書き方】（5分）

ミニノウハウ　　　　■電話伝言メモは他の人に見られると困る場合があるので、次頁の図のように宛て名人と電話を受けた人の名前、受けた日時が見えるように折って、できればステープラーなどでメモが開かないようにしておく。

■電話で伝言を受けたら、すぐに伝言メモに手早く書き直す習慣をつける（時間がたつと、メモを書くことを忘れたり、あるいは急いで書き取った自分のメモが読めなくなることがある）。

Exercise3　電話応対のロールプレイング

進め方　　　　　1　2人1組のペアとなって、かけ手と受け手に分かれて演習
する。
2　○○会社などの○○のところには、学生に適当な名前を入
れさせる。
3　最初は原稿を見ながら演習し、慣れてきたら原稿なしで言
えるようにする。
4　ある程度慣れたら、学生を指名し、皆の前で演習させる。
5　ロールプレイング⑦は「社長」をかけ手が演じる。

④名指し人が不在の場合（15分）

ポイント　　　　■応答の語尾を強めると、きつく聞こえるので注意する。
■受け手が先方の電話番号をたずねるのを忘れたら、かけ手の
方から電話番号を教えるように指導する。

⑤伝言を受ける場合（15分）

ポイント　　　　■渋谷と日比谷のように、聞き取りにくい言葉は、聞き間違え
ないように必ず確認するように注意を喚起する。
■先方が聞き間違えないように、話すときに電報用語を使うこ
とを教えてもよい。
■ここで受けた伝言を伝言メモに書き直す演習を入れてもよい。

⑥調べるのに時間がかかる場合（15分）

ポイント　　　　・答えにくい質問や答えてよいかどうか分からない場合は、調べてからかけ直すと伝えていったん切り、上司に相談するか許可を得るとよい。

⑦他社の秘書から上司への電話を取り次ぐ場合（15分）

ポイント　　　　■秘書から秘書に電話し、先方の上司を呼び出すときは、先方の上司が電話に出る直前にこちらの上司が電話口に出られるように、タイミングをうまくつかむことが必要であることを指摘する。

　　　　　　　　■もし手違いでこちらの上司が出る前に先方の上司が電話に出てしまったら、こちらの秘書は何も言わないで、直ちにこちらの上司に代わるようにしたほうがよい。

講義【Lesson6　FAXの送り方】（10分）

ミニノウハウ　　■ビジネスの内容によっては、発信元と受信者がFAXの前後に電話で相互に確認しあうことも必要な場合がある。

　　　　　　　　■慣れないときは、裏送りしたり、クリップをつけたまま送ったりすることがあるので気を付ける。

　　　　　　　　■大量にFAXするときは通し番号を付けておくとよい。

　　　　　　　　■急ぎでないときは、夜間や早朝に送るように指定すると、回線が混んでいないので送りやすい。

Lesson7　あなたならどうしますか　Exercise4　ケーススタディ　電話があったことを伝えなくてもよいと言われたら

進め方　　　　　1　学生に一人で考えさせ、答えとその理由をテキストにまとめさせる。

　　　　　　　　2　何人かの学生を指名し、答えさせる。

ポイント　　　　■伝言メモは留守をしていた上司にとって、その間の職場の出来事を知る上で重要なものである。

　　　　　　　　■先方が何とおっしゃろうと、電話があったことは事実なので、メモの対象となる。

■学生から「先方が伝言無用」とおっしゃったのに、なぜ伝言をしなければならないのかという質問がある場合。先方がどうおっしゃろうと、伝言無用とおっしゃったことも含めて、電話があったことは事実である。留守中の報告で何より大切なことは、その事実を伝えることである。

好ましい伝言例

> 関西株式会社の瀬川様からお電話がありました。出張でこちらに出ていらしたそうで、課長に久しぶりにお会いになりたいとお電話されたそうです。また明日（　月　日）、瀬川さんからお電話をくださるとのことでした。

ミニノウハウ

■たとえば翌日、二人が電話で話し合った時、「昨日電話したら出張中だったので…」という会話は出てくるものである。そのような時に知らなかった場合は、社内のコミュニケーションの悪さを指摘されたようで、上司は間の悪い思いをすることがある。

講義【Lesson8　国際電話の受け方】（10分）

進め方　　　　受け手として必要と思われる基本的な言葉はその場で暗記させる。

まとめ（5分）

学生への語りかけ　「企業がビジネス電話の応対に神経を使うのは、電話の応対によって、失敗した取引の例がたくさんあるからです。外回りの営業マンが何回も通いつめてやっと成立しそうになった取引が、電話伝言を受けた内勤者の応対のまずさによって流れてしまったという話はよく聞きます。ビジネス電話をする時はあなたは会社の代表であることを忘れてはいけません」

第4章 指示の受け方と報告の仕方

■フローの例

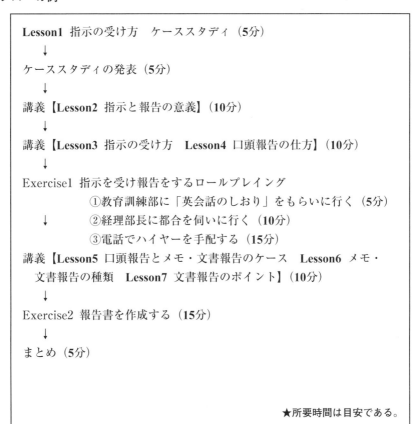

Lesson1 指示の受け方　ケーススタディ（**5分**）

↓

ケーススタディの発表（**5分**）

↓

講義【**Lesson2** 指示と報告の意義】（**10分**）

↓

講義【**Lesson3** 指示の受け方　**Lesson4** 口頭報告の仕方】（**10分**）

↓

Exercise1 指示を受け報告をするロールプレイング

①教育訓練部に「英会話のしおり」をもらいに行く（**5分**）

↓　②経理部長に都合を伺いに行く（**10分**）

③電話でハイヤーを手配する（**15分**）

講義【**Lesson5** 口頭報告とメモ・文書報告のケース　**Lesson6** メモ・
文書報告の種類　**Lesson7** 文書報告のポイント】（**10分**）

↓

Exercise2 報告書を作成する（**15分**）

↓

まとめ（**5分**）

★所要時間は目安である。

■狙い　　　　指示と報告の重要性を理解させる

Lesson1　指示の受け方　ケーススタディ（5分）

ケーススタディの発表（5分）

進め方　　　1　学生に一人で考えさせ、ポイントをテキストにまとめさせる。

　　　　　　2　何人かの学生を指名し、答えさせる。

ポイント　　■指示を受けるときにメモをすることの重要性を教える。このような場合は忘れないようにメモを目につくところに貼っておく。

　　　　　　■指示を受けた時には必ず復唱する（復唱するとモレや間違いを正し、忘れにくい）。

　　　　　　■最初に森田さんに連絡がつかなかったことを、上司に中間報告する（中間報告をしておくと、自分も忘れにくいし上司も安心する）。

ミニノウハウ　■仕事を終えて帰る時は、必ず一日を振り返り、忘れたことがないかをチェックする習慣をつける。

　　　　　　■学生に質問をすると、大抵の学生は「メモをとる」という答えに終始しがちであるので、その他の点も説明する。

　　　　　　■森田さんにコールバックを頼んでおくという答えも多い。

講義【Lesson2　指示と報告の意義】（10分）

進め方　　　1　事前にマネジメントサイクルのPDCA（**Plan**→**Do**→**Check**→**Action**）について説明する。

　　　　　　2　上司と部下のそれぞれについてのPDCAを説明する。

　　　　　　3　各PDCAをつなぐものとして図にある指示・報告の重要性を説明する。

マネジメントサイクル

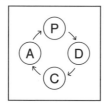

講義【Lesson3　指示の受け方 Lesson4　口頭報告の仕方 】（10分）

進め方　　　　テキストの流れに沿って解説及び補足説明をする。

ポイント　　　■指示された事柄に対して必ず報告することの重要性を強調する。仕事とは報告をしてはじめて完了するものである。

ミニノウハウ　■報告・連絡・相談は企業の活動にとって血液と言われるほど大切なものである。この３つの言葉の頭文字をとって「ほうれんそう」と名付けたのは山種証券の山崎富治元会長である。

■メモの種類

①他人のためにとるメモ…伝言メモ、連絡メモ、要約メモなど。

②自分自身のためにとるメモ…電話応対や会議などの覚え書き、名刺などに書くメモなど。

③お互いの確認のためにとるメモ…依頼メモなど。

■５Ｗ１Ｈの出典はキプリングの詩

「**R.**キプリング（**1865～1936**）はイギリスの作家・詩人で、『ジャングル・ブック』の作家として知られる。

　　I have six honest serving men;

　　they taught me all I knew;

　　their names are Where and What and When and Who and Why and How

５Ｗ１Ｈをキプリングは６人の忠実な召使だという。

そうしてみると５Ｗ１Ｈは単にニュースの文法というより、文章そのものの文法、ということになる。また『この６人の召使から教えられた』と彼がいうのは、５Ｗ１Ｈの探求こそが知識の泉になる、という意味に受け取れる」

　　　　　　　　　　（上前淳一郎「読むクスリ」より）（一部略）

Exercise1　指示を受け報告をするロールプレイング

①教育訓練部に「英会話のしおり」をもらいに行く（5分）

準備するもの　　教育訓練部担当になる学生に以下のメモを渡しておく

> あなたは教育訓練部員です。○○さんが来たら「何部必要ですか」と聞いてから「英会話のしおり」を渡してください。

進め方　　　　　**1**　学生を指名して、以下を読み上げて、指示を受ける→教育訓練部へ行く→報告のロールプレイングをさせる。

> ○○さん、教育訓練部へ行って「英会話のしおり」をもらってきてください

2　報告の際は「英会話のしおり」(何でもよい) を持参させる。

3　学生にはテキストに問題とポイントを記入させる。

チェックポイント　・受命の態度（返事、会釈、姿勢）

　　　　　　　　　・メモ、筆記具の持参

　　　　　　　　　・内容の復唱

　　　　　　　　　・不明の点を聞く（何部か）

ポイント　　　　　■大方の学生は部数を聞かないで実行してしまう。教育訓練部の係になった学生に「何部ですか」と聞かれたときに、学生は指示の受け方の不備を体験学習する。

　　　　　　　　　■このほか、内容を変えて指示に変化をもたせるとよい。

　　　　　　　　　■報告の際の態度、言葉遣いに注意する。

　　　　　　　　　■新人の時代には教育訓練部に行った時、「○○課の○○と申します」と名乗ることも必要なことを付け加えるとよい。

②経理部長に都合を伺いに行く（10分）

準備するもの　　経理部長になる学生に以下のメモを渡しておく。

> 　あなたは経理部長です。○○さんが来たら以下のことについて質問してください。
> ・「何の会議ですか」
> ・「何時から何時までですか」
> ・「明後日というと、何日の何曜日だったかね」
> ・「会議の場所はどこですか」
> 　以上の質問に答えられたら、出席する旨を伝えてください。

進め方　　　　　　1　学生を指名して、以下を読み上げて、指示を受ける→経理部長のところへ行く→報告のロールプレイングをさせる。

> ○○さん、明後日の午後会議を開きたいので、経理部長のところへ行って、ご都合を伺って来てください。

2　学生にはテキストに問題とポイントを記入させる。

チェックポイント　■受命の態度、メモ用紙の持参、内容の復唱
　　　　　　　　　■不明の点を聞く。
　　　　　　　　　　　　　・会議のテーマ
　　　　　　　　　　　　　・会議の場所
　　　　　　　　　　　　　・明後日の確認（日付と曜日）
　　　　　　　　　　　　　・会議の場所

ポイント　　　　　■会議のテーマについて聞くときの言葉遣いに注意する。
　　　　　　　　　（必ずしも知らなくてはならないことではないので、聞き方に注意する）
　　　　　　　　　■報告の際、結論から言っているかどうか注意する。

ミニノウハウ　　　■学生に実施したところ、終了時間の確認、日付と曜日を合わせることを忘れることが多い。特に会議の終了時間は出席者にとって必要な情報である。

③電話でハイヤーを手配する（15分）

準備するもの　　　ハイヤー会社の配車係になる学生に以下のメモを渡しておく。

> あなたはハイヤー会社の配車係です。○○さんから電話があったら、以下のことを聞いてください。
> ・「何時にどちらへお迎えに伺えばよろしいですか」
> ・「行き先はどちらですか」
> ・「空港からどちらへお送りしますか」
> ・「念のために伺いますが、飛行機は何時に到着ですか」
> ・「お乗りになる方は何人ですか」（車の台数に関係がありますので）

進め方	1　学生を指名して、以下の内容について、指示を受ける→ハイヤー会社に電話する→報告のロールプレイングをさせる。

> ○○さん、来週の火曜日、大切なお客様がいらっしゃるので、空港まで迎えに行くから車の手配をしてください。決まったら知らせてください。

2　学生にはテキストにポイントを記入させる。

チェックポイント	■日にちの確認
	■不明の点を聞く
	・飛行機は何時に着くのか
	・迎えの人は何時にどこから出発するのか。
	・何便で到着するのか。
	・空港からの帰りはどこに行くのか。
	・こちらからは何人か。お客様は何人か。
ポイント	■学生に実施したところ、学生が一人では的確に質問できないので、ペアにして、先に質問事項を考えさせてからロールプレイングを実施するとよい。
	■当日は迎えに行く前に、飛行機の到着に遅延がないかどうかをインターネットで確認することも注意する。

講義【Lesson5　口頭報告とメモ・文書報告のケース　Lesson6　メモ・文書報告の種類　Lesson7　文書報告のポイント】（10分）

進め方	テキストの流れに沿って解説及び補足説明をする。
ミニノウハウ	■口頭報告と文書報告のメリットとデメリット

	メリット	デメリット
口頭報告	・即応的である。 ・臨場感がある。 ・相手がその場で質問できる。	・細部を覚えきれない。 ・説明の仕方によっては時間を浪費する。
文書報告	・記録に残る。 ・適切な表現を考えて書き直すことができる。 ・図表を使って分かりやすくできる。	・時間がかかる。 ・文章が下手だと分かりにくい。

Exercise2　報告書を作成する（15分）

進め方　　　　　　報告書を書く所要時間は15分程度でよい。いきなり書き出す学
　　　　　　　　　生が多いので、問題をじっくり読んでから報告書の作成に取り
　　　　　　　　　かかるように指導する。

報告書の例　　　　■作成者の○○と出席者の○○は同一人物。会議に自分が出席
　　　　　　　　　した場合は、自分の名前も出席者に入れる。

　　　　　　　　　　　　　　　　　　　　　　　　　年　　月　　日

　井上課長　殿

　　　　　　　　　　　　　　　　　作成者：営業部　○○○○○印

　　　　　　　山田商事からのＢ９９の単価値上げ要請についての報告書

1．結論　□□年□月からＢ９９の単価を55円とする。

2．経過　本年10月山田商事より、Ａ１１１の部品Ｂ９９の単価を現行
　　　の50円から60円へ値上げの要請があった。そこで下記のように会議を開
　　　催した。

　　　　1　日時　　　　年　　月　　日
　　　　2　出席者　　　山田商事　小林課長
　　　　　　　　　　　　原価部　　青柳主任
　　　　　　　　　　　　営業部　　○○○○○
　　　　3　決定事項　　Ｂ９９の単価を来年の□年□月から５５円にする。

　　　　　　　　　　　　　　　　　　　　　　　　　　　　　以上

ポイント　　　　■「井上課長も了承済」ということを報告書に書く学生が多いが、井上課長宛の報告書なので、これは必要ではない。
■【結論】【経過】などの文字は必ずしもつける必要はないが、ここでは演習なので明記した方が理解しやすい。
■学生に実施したところ、【経過】のところで箇条書きにしない学生が多い。ビジネスの文書ではなるべく箇条書きを使った方が分かりやすい。

まとめ（5分）
学生への語りかけ　「指示・命令をきちんと受け、報告をすることは組織の動きの中で切っても切り離せない緊密な結びつきであることを忘れてはいけません。報告がなければ指示をした人は次のステップに進めないから、仕事がスムーズに流れていきません」

第5章 スケジュール管理

■フローの例

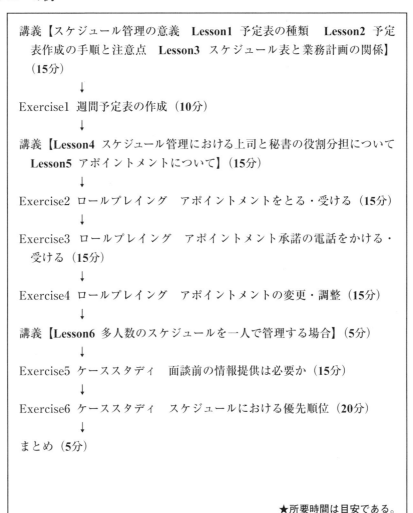

講義【スケジュール管理の意義　Lesson1　予定表の種類　Lesson2　予定表作成の手順と注意点　Lesson3　スケジュール表と業務計画の関係】（**15分**）
↓
Exercise1　週間予定表の作成（**10分**）
↓
講義【Lesson4　スケジュール管理における上司と秘書の役割分担について　Lesson5　アポイントメントについて】（**15分**）
↓
Exercise2　ロールプレイング　アポイントメントをとる・受ける（**15分**）
↓
Exercise3　ロールプレイング　アポイントメント承諾の電話をかける・受ける（**15分**）
↓
Exercise4　ロールプレイング　アポイントメントの変更・調整（**15分**）
↓
講義【Lesson6　多人数のスケジュールを一人で管理する場合】（**5分**）
↓
Exercise5　ケーススタディ　面談前の情報提供は必要か（**15分**）
↓
Exercise6　ケーススタディ　スケジュールにおける優先順位（**20分**）
↓
まとめ（**5分**）

★所要時間は目安である。

■狙い　　　　　限られた一日の時間を上司が効率的に使えるように、行動予定を作成し、実行・変更・調整を弾力的に行えるようになることを目的とする。

講義【Lesson1　予定表の種類　　Lesson2　予定表作成の手順と注意点　　Lesson3　スケジュール表と業務計画の関係】（15分）

進め方　　　　　テキストの流れに沿って解説及び補足説明をする。

ポイント　　　　■予定表には４種類あるが、学生に最初に４種類あると説明してしまうと、学生は４種類を個々に作成するものと誤解しがちである。従って表のように、大きく２種類に分け、現実では月間・週間の予定表のうち、いずれかをベースに作成して活用しているということを教える。

Exercise1　週間予定表の作成（10分）

進め方　　　　　1　テキストの指示どおりに、個人で週間予定表を作らせる。

　　　　　　　　2　作成中は教室を回りながら観察して、注意すべき点を見つける。

　　　　　　　　3　作成後、好ましい例を板書すると同時に注意すべき点をコメントする。

ポイント　　　　■市販の週間スケジュールブックは備考欄がほとんどないので、現実に書くことを考えると本欄にすべてを書き込む練習をさせた方が実際的である。ただし、自分で備考欄を作り、書き込むことも可能である。

　　　　　　　　■スケジュール表作成のときは、会社を基点として出発する時間、帰社時間、必要に応じて目的地までの所要時間も表に書き込むように指導する。

好ましい例　　　（次ページの図参照）

	8:00　9:00　10:00　11:00　12:00　13:00　14:00　15:00　16:00　17:00　18:00　19:00　20:00	メモ
10/22 (月)	9:30 10:00 F銀行花田常務と近藤部長来社 F銀行TEL 03-3261-2111　　18:40 19:00 会社発 吉田画廊	½付けF銀行手紙の件で吉野部長に連絡
10/23 (火)	8:30　10:30 人事組織会議 (於)第一会議室※1 定例役員VII:高田取締役　　13:30 14:30 新製品説明会 荒井部長 (45分)	※1 組織表を準備しておく
10/24 (水)	7:00 8:30 9:00 9:30 10:00 朝食会 会社 会社 A社高木部長訪問 (於)日本ホテル 同行:吉田部長 テーマ 企業研究会 ※1　　12:00 12:30 帰社	※1 A社 03-3261-2128 (秘書 宮田氏)
10/25 (木)	9:00 9:30 篠原氏 プライベート 相談事　　11:45 12:00 13:00 13:15 13:30 14:00 山口課長 帰 B社 会社 社 鈴木部長 発 昼食 来社 (於)教都屋 ※1　　15:00 会計会議 (於)第三会議室 茂田常務欠席　　17:00 17:45 18:30 会 C社岡田社長と 社 夕食 発 (於)レストラン東京※2 予約ズミ　　20:00	※1 B社 03-3700-9626 (秘書 岸氏) ※2 レストラン東京 03-3456-9881
10/26 (金)	10:00　　13:00 営業会議 (於)第一会議室 昼食10人分予約ズミ　　16:00 17:00 茂田常務 打ち合わせ※1 (於)小会議室	※1 10/25 の会計会議の書類を準備
10/27 (土)	8:00　9:00 自宅発 赤城カントリーゴルフ ※1 佐々木社長、高田取締役、他1名 インコース 予約ズミ	※1 赤城カントリーゴルフ 0457-91-6789

講義【Lesson4　スケジュール管理における上司と秘書の役割分担について　Lesson5 アポイントメントについて】（15分）

<u>進め方</u>　　　　　　テキストの流れに沿って解説及び補足説明をする。

Exercise2　ロールプレイング　アポイントメントをとる・受ける（15分）

<u>準備するもの</u>　　　電話機

<u>進め方</u>　　　　　　**1**　５〜６人のグループに分かれる

　　　　　　　　　　2　グループでテキストに書いてある状況を理解し、この場合の電話の受け方・かけ方を考えさせ、空欄にセリフを書かせる。

　　　　　　　　　　3　グループでペアになり電話応対の練習。

　　　　　　　　　　4　２つのグループの代表者を選ぶ。それぞれ受け手、かけ手となり、皆の前で発表させる。

5 電話の後、二人の秘書はそれぞれの上司に電話の報告をし、指示を受ける。その時の言葉遣いをチェックする（講師がそれぞれの上司の役を担当する）。

電話応対の例

かけ手（中村さん）	受け手（渡辺さん）
（電話をかける）	
	はい、大日本株式会社加藤本部長席でございます。
ＡＢＣ商会の山田の秘書の中村でございます。いつもお世話になっております。	
	こちらこそいつもお世話になっております。
実は山田が新企画の打合せの件で、加藤本部長（様）にぜひお目にかかりたいと申しております。お忙しいところ、誠に申し訳ございませんが、お時間をいただけますでしょうか。大体30分くらいで結構でございます。	
	さようでございますか。いつ頃がご都合よろしいのでしょうか。
勝手でございますが、私どもは6月6日火曜日の午後か8日木曜日、9日金曜日でしたら、いつでも結構でございます。	
	はい、では一応承りましてのちほどこちらからご連絡させていただきたいと存じます。6月6日の午後か8日9日ならいつでもということでございますね。
はい、さようでございます。よろしくお願い申し上げます。	
	かしこまりました。私、秘書の渡辺と申します。恐れ入りますが、念のため、お電話番号を教えていただけますか。

40

はい、○○○－○○○○でございます。	
	○○○－○○○○でございますね。かしこまりました。
では、失礼いたします。	
	ごめんくださいませ。

ポイント　　　■先方の電話番号を聞くことを忘れない。
　　　　　　　■渡辺さんは上司のスケジュールを先方に伝えてはならない。
　　　　　　　■渡辺さんは上司からアポイントメントの日時の指示を受ける必要がある。

Exercise3　ロールプレイング　アポイントメント承諾の電話をかける・受ける（15分）

準備するもの　　　電話機
進め方　　　　　　Exercise2のアポイントメント申込みに対する返事。2と同様に進める。

電話応対の例

かけ手（渡辺さん）	受け手（中村さん）
（電話をかける）	
	はい。ＡＢＣ商会山田本部長席でございます。
大日本株式会社加藤の秘書の渡辺でございます。いつもお世話になっております。	
	こちらこそいつもお世話になっております。
秘書の中村さんはいらっしゃいますでしょうか。	
	はい。私でございます。
昨日は失礼いたしました。お申し越しの件ですが、加藤の都合は6月6日火曜日の午後2時からでしたら、いつでも結構でございます。	
	ありがとうございます。それでは6日火曜日の2時ではいかがでしょうか。

２時でございますね。結構でございます。山田本部長様おひとりでいらっしゃいますか。	
	はい。一人で伺わせていただきます。
かしこまりました。	
	では、６月６日火曜日の２時にそちら様にお伺いいたします。
お待ちしております。	
	ありがとうございました。よろしくお願いいたします。
こちらこそよろしくお願いいたします。失礼いたします。	
	失礼いたします。

ポイント　　　　■言葉遣いに気を付ける。
　　　　　　　　■要領のよいかけ方ができるようになるまで繰り返す。

Exercise4　アポイントメントの変更・調整（15分）

準備するもの　　電話機
進め方　　　　　1　５〜６人のグループに分かれる
　　　　　　　　2　グループでテキストに書いてある状況を理解し、この場合の電話の受け方・かけ方を考えさせ、空欄にセリフを書かせる。
　　　　　　　　3　グループでペアになり電話応対の練習。
　　　　　　　　4　２つのグループの代表者を選ぶ。それぞれ受け手・かけ手となり、皆の前で発表させる。
　　　　　　　　5　電話の後、安田本部長の秘書は上司に電話の報告をする。
ポイント　　　　■山田氏に電話をして事情を説明し、予定変更を詫びる。
　　　　　　　　■来週の水曜日以外の都合のよい日時を山田氏に選んでもらう。
　　　　　　　　■上司が水曜日以外ならいつでもよいと言っているので、その場で面談の日時を決定してよい。
　　　　　　　　■上司にその旨を報告し、予定表を書き直す。
ミニノウハウ　　学生は変更の理由を言う傾向があるが、緊急の会議が入ったことを、必ずしも先方に説明する必要はない。たとえば「急用ができまして…」と理由をあいまいにしておいてもよい。

講義【Lesson6　多人数のスケジュールを一人で管理する場合】（5分）

進め方　　　　テキストの流れに沿って解説及び補足説明をする。

ポイント　　　■予定表に書いてある直行、直帰の意味を説明する。
　　　　　　　■その人が社内にいて、しかも在席の予定の場合は予定表には特に書き込まない。
　　　　　　　■大勢の予定表を一覧で書く場合は、細かく書くスペースがないので、おおまかなことだけを書く。細かい予定表は各自が持っているので、全体の予定表は概略でよい。

ミニノウハウ　■役員日程表に書いてある販促会議とは、販売促進会議のこと。
　　　　　　　■機密に関することや、プライベートなことなどは予約された時間帯のみを書き込んでおく。

Exercise5　ケーススタディ　面談前の情報提供は必要か（15分）

進め方　　　　**1**　学生の一人にケースを読ませ、各自にポイントをテキストに書かせる。
　　　　　　　2　数人の学生を指名し、ポイントを答えさせる。

ポイント　　　■このようなアポイントメントの場合には、社内の行き違いが起こらないように、社長と部長に連絡をする配慮が必要である。
　　　　　　　■面談の前に、社長に以前教育訓練部に来たセールスマンで、すでに教育訓練部長が断った会社だと知らせておく方がよい。
　　　　　　　■教育訓練部長には、事情を話し、「もしかしたら社長に呼ばれるかもしれません」と話しておく。

Exercise6　ケーススタディ　スケジュールにおける優先順位（20分）

進め方　　　　**1**　状況が複雑なので、きちんと状況を理解するように促す。まず最初に「倉田部長の指示に従い、4人の人を会議に招集することになりました。適切な時間帯を秘書が判断し、選ぶ業務です。全員が参加できるのがベストですが、都合で出られない人もいます。この場合、会議にとって必要不可欠な人物の優先順位を秘書としてうまくつけられるかどうかがポイントとなります」と演習の意味と目的を話すこと。
　　　　　　　2　1グループ5〜6人のグループに分かれる。
　　　　　　　3　学生は秘書になったつもりで、会議を開く時間を考え、グループディスカッションする。
　　　　　　　4　グループの代表者を指名し、会議を何曜日の何時に招集するか、その理由は何かを発表させる。

好ましい例	■木曜日11：00～12：30頃までと決定する。11：30～1：00でもよいが、その場合は昼食をとる時間がなくなる人が出てくるので、できれば11：00～12：30の方がよいのではないか。
	■中村部長はオブザーバー的な役割なので、会議には欠席しても大勢には影響はないので欠席。しかし、下記ポイントのような配慮を必要とする。
	■どうしても会議に出席しなければならない人物は倉田部長と、佐野課長、石川課長か丸山さんである。従って、金曜日の会議開催は不可能である。
	■丸山さんは仕方がないので欠席だが、時間が間に合ったら出席してもらう。石川課長に説明してもらう。
ポイント	■アポイントメントが重なってしまい、全員の調整がつかないときは会議に必要な人を優先する。
	■職位の上の人（この場合は中村部長）が欠席になる場合は、会議の日時が決定した後で事情を説明し、了解してもらう等、その職位に対する配慮も必要である。代理の方をお願いしてみることも考えられる。
	■欠席した人に事後の報告を必ず行う。口頭報告と同時に議事録も添付する。
ミニノウハウ	■以下のようにマトリックスを板書すると分かりやすい。

	木曜日						金曜日					
	10:30	11:00	11:30	12:00	12:30	13:00	10:30	11:00	11:30	12:00	12:30	13:00
石川課長	└───┴──────────────┘										└───┘	
佐野課長	└───┴─────────┘						└───────────────────┘					
中村部長							└───────────────┘					
丸山課員				└──┴──┘								

└─────┘ は都合のよい時間

■学生に実施したところ、丸山さんは昼前に帰ってこられるかもしれないので、11：30～1：00が良いのではないかという意見がでた。

まとめ（5分）

学生への語りかけ 「ここで行った演習でお分かりのように、スケジュール管理はいろいろと難しい点があります。なぜ難しいかというと、上司の判断基準を秘書がよくわきまえて行動することが他の業務に比べてより求められるからです。いくらベテランになってもスケジュールの最終決定は上司であることを忘れてはいけません」

第6章 出　張

■フローの例

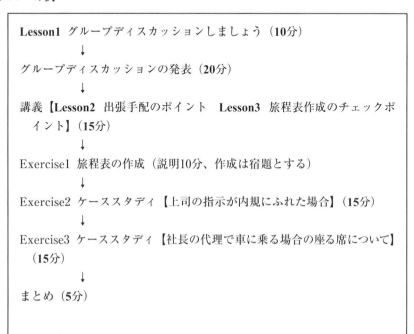

Lesson1　グループディスカッションしましょう（**10分**）
　　　↓
グループディスカッションの発表（**20分**）
　　　↓
講義【**Lesson2　出張手配のポイント　Lesson3　旅程表作成のチェックポイント**】（**15分**）
　　　↓
Exercise1　旅程表の作成（説明10分、作成は宿題とする）
　　　↓
Exercise2　ケーススタディ【上司の指示が内規にふれた場合】（**15分**）
　　　↓
Exercise3　ケーススタディ【社長の代理で車に乗る場合の座る席について】（**15分**）
　　　↓
まとめ（**5分**）

★所要時間は目安である。なお、宿題の解答・説明は講師が次の時間の始めに適当に行う。

授業の開始	以下、フローに従って授業を進める

■狙い　　　　　　上司が出張をスムーズに遂行できるように、出張の準備、出張中の事務処理または随行、事後処理の業務を的確に処理できるようにする。

Lesson1　グループディスカッションしましょう（10分）
グループディスカッションの発表（20分）

<u>進め方</u>　　　　　　**1**　学生を数人のグループに分け、グループディスカッションさせながら、ポイントをテキストに書かせる。
　　　　　　2　グループの代表に発表させ、講師がそれらを出張前、出張中、出張後に分けて板書する。（以下「出張に必要な業務」参照）。
　　　　　　3　学生から発表がなかった項目については、説明しながら赤で板書。
　　　　　　4　出張業務の意義について説明する。

出張に必要な業務

	出張前準備	上司の出張中	出張後
出張業務一般	① 交通機関の手配 ② 宿泊先の手配 ③ 旅程表の作成 ④ 旅費の仮払い請求（必要な時） ⑤ 資料の準備 ⑥ 関係者への連絡 ⑦ 業務代行責任者の確認（長期出張の場合） ⑧ 必要な携帯品の準備 【ノートPC、名刺、筆記用具、ハガキ、便箋、切手、出張先の地図、封筒（大中小）】	① 出張先の上司への連絡（方法は上司と打ち合わせておく） ② 上司の留守中に起こる緊急事態の処理（代行責任者と相談） ③ 出張中に来た書類の分類・整理 ④ 業務日誌の作成	① 留守中に発生した主要な用件や電話の報告 ② 出張旅費の精算 ③ 出張報告書の作成 ④ 上司が持ち帰った資料・書類のファイリング ⑤ 礼状の発送
海外出張	・パスポートとビザ（必要な国を調べる）の準備 ・外貨購入 ・本人が持参するクレジットカードが旅行先で使用できるかどうかの調査 ・ホテルの予約…予約確認書は出発前に入手しておくこと ・交通機関の手配…往復の航空機（eチケット）、現地でのレンタカー、列車など ・海外旅行保険の加入手続き（本人の希望を聞くこと） 　（注）以上のことは旅行代理店が手配を代行してくれる		

<u>ポイント</u>	■上司の出張中は、業務日誌を必ずつけておき、電話、伝言、訪問者等のすべてを記入しておく。電話のメモは別に日付順に整理しておく。上司が帰社したときに、それらをもとに報告すると忘れることがない。

■留守中の書類の整理方法は、以下の４つに分けてフォルダーに入れ、用意しておく。

①緊急・返事をするもの（稟議書等）

②急がないが重要

③落ち着いたら読んでもらう一般書類

④雑誌・DM等

<u>ミニノウハウ</u>　■学生に実施したところ、「土産の用意」という意見が出た。これは上司の指示によることを説明する。

■同様に学生から「上司の業務の引き継ぎ」という意見が出た。一般的に上司の長期出張の場合は、その次席の人が業務責任を代行し、秘書は任命されないかぎり代行の権限はないことを説明する。

講義【Lesson2　出張手配のポイント　Lesson3　旅程表作成のチェックポイント】
　（15分）

<u>進め方</u>　テキストの流れに沿って解説及び補足説明をする。

<u>ミニノウハウ</u>　■切符を購入する際は日時を確認し、座席番号、列車番号、フライト番号はメモしておいて、緊急の連絡に備える。

■ホテルにも格付けがあるので、出張の目的、内容によってホテル選びにも注意を払わなければならない場合がある。そのときはホテルの格付けの表を参考にする。

■出張の５W２H

Why	…………	なぜ・何の用事 ———————————	目的
Where	…………	どこ・どこへ行くのか ———————	場所
When	…………	いつ・いつからいつまで —————	所要日数
Who	…………	だれ・誰に会うのか ———————	訪問先
		同行者は誰か ———————————	関係者
What	…………	なに・何を用意するのか ————	資料
How	…………	いかに・	
		どんな交通機関を使用するのか ——	交通機関
How much	……	いくらかかるか ———————————	費用

Exercise1　旅程表の作成（説明10分、作成は宿題）

進め方　　　　　**1**　テキストをよく読ませ出張予定をチェックし、旅程表を作成する際に必要であって、予定の中に入っていない事柄を学生に考えさせ、質問させる。
【学生から質問が予想される項目】
・福岡空港からＡＢＣ会館までの交通手段と所要時間
【答え】車で20分
・ＡＢＣ会館の所在地と電話番号
【答え】福岡市中央区天神○-15-1　TEL 092-○○○-3131
・大阪支社から新大阪駅までの交通手段と所要時間
【答え】車で20分
2　テキストの○月○日には講師が月日を指定する。
3　PCで路線を調べながら旅程表を作成させる（作成に時間がかかるときは宿題とする）。
4　解答は旅程表の例①を参考に、講師が旅程表②に月日、時刻、列車名・便名、交通費を書き入れ、コピーを配布する。

ポイント　　　　■航空機を利用する場合は搭乗手続きに時間がかかるので、普通は出発30分前には手続きを済ませておくことを説明する。
■新幹線をグリーンにするか、普通指定席にするかという点については、会社によって職位による規定があるので、企業に入ったら規定どおりに処理するように説明する。今回は普通指定席で実施する。
■旅程表は上司に２部渡す。１部は留守宅用である。（特に長期出張の場合）

旅程表の例①…1/27～1/28の月日で設定

今村専務出張旅程表（１月27日～１月28日）

月日	時刻	列車名・便名	予　定	備　考
1/27	13：10 15：10 16：00 〜 17：30	JAL317 車 車	羽田空港発 福岡空港着 ↓車で20分 九州地区代表者会議 ↓車で15分	羽田空港第一ビル （福岡支社山田氏出迎） 於：ABC会館 福岡市中央区天神○-15-1 TEL 092-○○○-3131 資料：報告レポート

48

1/27	18：30 〜 20：30		九州地区代表者懇談会	於：Kホテル 福岡市博多○-1 TEL 092-○○○-0101
			Kホテル泊	フロント担当大野氏 一泊15,000円（税サ込み）
1/28	8：30頃	車	Kホテル発 　　　↓車で約20分	
	8：50頃		福岡空港着	
	10：00	ANA424	福岡空港発	（大阪支社本田氏出迎）
	11：05		大阪国際空港着	
		車	↓車で約30分	於：料亭「花野屋」
	12：30 〜 14：00		四菱電気(株) 大阪支社長河野栄作氏と 昼食会	大阪市東区本陣○-3-1 TEL 06-○○○-3278 同伴者：大阪支社長紺野氏
		車	↓車で約15分	
	15：00 〜 17：00		大阪支社営業会議	於：大阪支社 大阪市淀区寺町○-1-1 TEL 06-○○○-3121 会議資料 同席者：紺野大阪支社長、 池田大阪支社部長
		車 のぞみ44	↓車で約20分	
	18：00 〜 20：33		新大阪発　5号車8番D席 東京着	

出張旅費概算

交通費	東京－福岡　航空運賃	41,390円
	福岡－大阪　航空運賃	24,600円
	新大阪－東京　新幹線運賃	13,620円
宿泊費	博多ホテル　一泊	25,000円
合計		104,610円

旅程表の例②…講師書き込み用

今村専務出張旅程表 （　月　日～　月　日）

月日	時刻	列車名・便名	予　定	備　考
／ （　）	： ： ： 16：00 〜 17：30 18：30 〜 20：30	 車 車	羽田空港発 福岡空港着 ↓車で約20分 九州地区代表者会議 ↓車で15分 九州地区代表者懇談会 Kホテル泊	羽田空港第一ビル （福岡支社山田氏出迎） 於：ABC会館 福岡市中央区天神○-15-1 TEL 092-○○○-3131 資料：報告レポート 於：Kホテル　福岡市博多○-1 TEL 092-○○○-0101 フロント担当大野氏 一泊15,000円（税サ込み）
／ （　）	： ： ： ： 12：30 〜 14：00 15：00 〜 17：00 ： ：	 車 車 車 車	Kホテル発 ↓車で約20分 福岡空港着 福岡空港発 大阪国際空港着 ↓車で約30分 四菱電気(株) 大阪支社長河野栄作氏と 昼食会 ↓車で約15分 大阪支社営業会議 ↓車で約20分 新大阪発　号車　番　席 東京着	 （大阪支社本田氏出迎） 於：料亭「花野屋」 大阪市東区本陣○-3-1 TEL 06-○○○-3278 同伴者：大阪支社長紺野氏 於：大阪支社 大阪市淀区寺町○-1-1 TEL 06-○○○-3121 会議資料 同席者：紺野大阪支社長、 　　　　池田大阪支社部長

出張旅費概算	交通費	東京－福岡　航空運賃	，　　　円
		福岡－大阪　航空運賃	，　　　円
		新大阪－東京　新幹線運賃	，　　　円
	宿泊費	博多ホテル　一泊	25,000円
	合計		，　　　円

50

Exercise2　ケーススタディ　上司の指示が内規にふれた場合（15分）

狙い　　　　　■このケースの場合、社風や常務の組織上の立場もあるので、なにがよいとは言い切れないが、似たような問題が起きた時に、周囲の状況と照らし合わせて、さまざまな角度から適切に行動する必要があることを学生に考えさせることが、この討議の目的である。

進め方　　　　**1**　数人のグループに分け、ケースをよく読んで自分が秘書ならどうするかという視点でグループディスカッションさせる。
　　　　　　　2　意見をテキストに書かせる。
　　　　　　　3　グループの代表者に意見を発表させる。

ポイント　　　■総務に行く前に秘書として内規の確認をする必要がある。
　　　　　　　■このような状況のとき、秘書は「常務がそうおっしゃっているから出してください」とゴリ押しせずに、「それでは常務と相談してまいります」と言ってひとまず戻るのがよいのではないか。「常務の指示ですから」と押せば、通るかもしれないが、それでは常務について「わがままな人」という印象を社内に与え、秘書については「常務の力をカサにきている」という印象を与えてしまうので、留意する必要がある。
　　　　　　　■（常務として内規のことはご存じのはずだが）念のため、常務に内規のことを説明し、「今回は特殊な事情ですがどういたしましょうか」と相談する。
　　　　　　　■常務が「それでは内規に従うように」とおっしゃったら、丸山さんと吉井さんのところへ出向き、状況を説明し、常務の詫びの言葉も伝えて了解してもらう。
　　　　　　　■常務が「特殊なプロジェクトなのでグリーン券を与えるように」とおっしゃったら、内規の例外なので、申し訳ないが常務から総務に直接依頼してもらえないかと頼む。

ミニノウハウ　■学生に実施したところ、上司から総務に直接連絡してもらった方がスムーズにいくという意見が圧倒的だった。

Exercise3 ケーススタディ　社長の代理で社用車に乗る場合の座る席は？（15分）

狙い　　　　　■社会を知らない学生はマニュアルで教えられていない状況に
　　　　　　　なった時に対応できず、自分の未経験な考えで対応してしまう
　　　　　　　ため、企業における伝統的な社会通念から外れて、誤解を招く
　　　　　　　行動をすることが多い。企業の一員として行動する場合は、そ
　　　　　　　の企業の人間としてどうみられているかを考えて行動する必要
　　　　　　　がある。このケースはそうしたことを考えてみる一つの機会を
　　　　　　　与えるものである。

進め方　　　　1　数人のグループに分け、ケースをよく読んで自分が秘書な
　　　　　　　らどうするかという視点でグループディスカッションさせる。
　　　　　　　2　意見をテキストに書かせる。
　　　　　　　3　グループの代表者に意見を発表させる。

ポイント　　　■秘書としては助手席に座るべきであろう。
　　　　　　　■社長車を使うことは、先方に対して使者が社長の代理である
　　　　　　　ことを表しているので、先方への敬意を示す外部的な条件はこ
　　　　　　　れで満たしている。
　　　　　　　■使者がどこに座るかは内部的なもので、秘書の職位としては
　　　　　　　助手席に座るのが適切な選択であろう。
　　　　　　　■事情を知らない自社の人から見ると、秘書が社長の席に座っ
　　　　　　　ていればおごっているような感じを受ける（特に年齢が若い場
　　　　　　　合）ので気を付ける必要がある。また他社の人から見ると、秘
　　　　　　　書が社長席に座っているのは奇異に感じる。

ミニノウハウ　■学生に実施したところ、90％が社長の代わりなのだから、社
　　　　　　　長の席に座ってよいという意見だった。

まとめ（5分）
学生への語りかけ　「上司が出張する場合でも秘書は考えられないほどいろいろな
　　　　　　　仕事があります。一つ間違えると、手違いが起きたり、上司が
　　　　　　　出張先及び出張後に困ることになるので、綿密な準備と留守中
　　　　　　　の処理、事後の処置が必要になります」

52

第7章 ファイリング

■フローの例

講義【**Lesson1** ファイリングとは **Lesson2** ファイリングの流れ **Lesson3**
分類の方法 **Lesson4** ファイリングの方法 **Lesson5** ファイリング用品
Lesson6 書類の保管・保存・廃棄】（**30分**）
↓
Exercise1 主題別分類の練習（**25分**）
↓
講義【**Lesson7** 名刺のファイリング】（**10分**）
↓
Exercise2 名刺に情報を書き込む（**20分**）
↓
まとめ（**5分**）

★所要時間は目安である。

以下、フローに従って授業を進める

講義【Lesson1 ファイリングとは　Lesson2 ファイリングの流れ　Lesson3 分類
　の方法　Lesson4 ファイリングの方法　Lesson5 ファイリング用品　Lesson6
　書類の保管・保存・廃棄】（30分）

進め方　　　　テキストの図の流れに沿って、書類がどんなルートをたどって
　　　　　　　ファイルされていくかを説明する。

ポイント　　　■ファイルの基本的な考え方は、たんに整理をするということ
　　　　　　　ではなく、必要なときにすぐに取り出し、利用するためである
　　　　　　　ことを最初に強調する。

ミニノウハウ　■経験の蓄積と問題解決
　　　　　　　①個人は自分の体験を蓄積し、問題にぶつかった時にそれを取
　　　　　　　　り上げて解決するときの参考にする。
　　　　　　　②組織は個人個人の経験を組織として公的な記録に残し、問題
　　　　　　　　に直面したときに誰もがその公的記録を取り出し、解決の参
　　　　　　　　考として使うことができるようにしておく。それが組織とし
　　　　　　　　てのファイリングの基本的な考え方である。
　　　　　　　■ファイルの分類の原則は似た者同士でまとめることである。
　　　　　　　似た者同士の考え方を以下のように話すと学生は分かりやすい
　　　　　　　ようである。
　　　　　　　次の野菜を板書し、似た者同士で分類させる。

　　　　　　　きゅうり、小松菜、とうもろこし、人参、トマト、れんこん、
　　　　　　　なす、ほうれん草、ごぼう

　　　　　　　【葉をたべるもの】小松菜、ほうれん草
　　　　　　　【根をたべるもの】人参、れんこん、ごぼう
　　　　　　　【実をたべるもの】トマト、とうもろこし、なす、きゅうり
　　　　　　　■バーティカル・ファイルの起こり
　　　　　　　バーティカル・ファイルは1892年、ボストンのRosenau博士が
　　　　　　　考案し、翌年のシカゴ万国博覧会に、バーティカル・ファイリ
　　　　　　　ングという名で出品したことによって広まった。
　　　　　　　■キャビネットの引出しの位置の選び方は、出し入れの激しい
　　　　　　　フォルダーを取り出しやすい段にある引出しに定めると効率的
　　　　　　　である。
　　　　　　　■ファイリング用品は実物を使い説明すると分かりやすい。

Exercise1　主題別分類の練習　件名のない手紙を速読して、主題別に分類する
　　（25分）

狙い　　　　　■文章を短時間で速読し、ポイントをつかむ。

　　　　　　　■文章の内容に応じて的確な分類をする。

進め方　　　　1　テキストの問題に従って、各自に演習させる。

　　　　　　　2　15分と時間設定し、15分たったら途中でも切り上げる。

　　　　　　　3　数人の学生を指名し、手紙の番号と件名、ファイリングの
　　　　　　　主題の記号を板書させる。

　　　　　　　4　教師がコメントする。このときに、クロス・リファレン
　　　　　　　ス・ファイルの利用法についても説明する。（事前に説明して
　　　　　　　もよいが、考えさせてからの方がよく注意するようだ）。

解答の例　　　【手紙　1】件名　2014年型テレビ修理についてのお問い合わ
　　　　　　　せ（主題分類　④　）

　　　　　　　【手紙　2】件名「クール」記念頒布会についてのご意見募集
　　　　　　　のお願い（主題分類　⑤　）

　　　　　　　【手紙　3】件名　製品RX-0941の発送と取扱会社の変更につ
　　　　　　　いてのご案内

　　　　　　　（主題別分類なら②、名前別分類ならCross Reference Fileで日
　　　　　　　本商事か大和製作所）

ポイント　　　■【手紙　3】の場合、ファイルする場所は幾つか考えられる。
　　　　　　　大和製作所、日本商事株式会社、または注文・納品書である。
　　　　　　　従来こうした書類を全て会社名でファイルしていたなら大和製
　　　　　　　作所であり、主題別でファイルしていたなら注文・納品であ
　　　　　　　る。これは従来どおりの方法で行えばよい。問題は日本商事で
　　　　　　　ある。今後の注文のことを考えると、日本商事の住所は必要で
　　　　　　　ある。このようにファイルする主題が2つあると思われる場合
　　　　　　　にテキストにあるようにCross Reference Fileを使う。

　　　　　　　　Cross Reference Fileはこの場合「日本商事」のファイルフォ
　　　　　　　ルダーを作るか、または当分の間は「雑」ファイルフォルダー
　　　　　　　にして、オリジナルをコピーした用紙を入れ、その上に下記の
　　　　　　　用紙を貼付しておくこともよい。

貼付する用紙の例

```
┌─────────────────────────────────────────┐
│                                         │
│   交差関連ファイル                       │
│                          年  月  日      │
│   件名：RX型-0941　100　受取            │
│                                         │
│   参照　オリジナルファイル「大和製作所」  │
│                                         │
└─────────────────────────────────────────┘
```

講義【Lesson7　名刺のファイリング】（10分）

進め方　　　　　テキストの流れに沿って解説及び補足説明をする。

ミニノウハウ　　■かつて名刺には隅を折り曲げてメッセージを伝える方法が
あった。これは欧米でコーリング・カード（表敬名刺）を届け
る時にされていた習慣である。たとえば名刺の左肩を折れば
「私本人が参りました」という意味。右肩を折れば「おめでと
うございます」、右下なら「ご愁傷さま」、左下なら「離任しま
す」という意味になる。今ではこの習慣はすたれてしまって、
アメリカでも知っている人はめったにいないということであ
る。（板坂元著「紳士の作法」より）

Exercise2　名刺に情報を書き込む（20分）

狙い　　　　　　■名刺は貴重な情報源となるので、ファイルする前に情報を書
き込む練習をする。
■読み上げられた情報を正確に聞き、ポイントごとにメモをと
れるようにする。

進め方　　　　　1　教師が以下の情報を大きな声でゆっくり読む。
2　学生はその中から名刺に書き込むべき情報をピックアップ
してメモをとり、それを名刺の余白に簡潔に書き込む。名刺へ
の情報の書き込み方の講義をしてから、この演習を行うとよい。
3　学生数人に書き込んだ情報のみを板書させた後、コメント
する。

音読する情報

> 先日、森田電機の製品開発本部長の秘書の林さんから電話
> があり、井田本部長があなたの上司を訪問される約束をし
> ました。今日、予定どおり2時に来社されましたが、もう
> 一人同行者がありました。同行者は30代後半、長身で眼鏡
> をかけています。会議の途中であなたの上司は部下の山田
> 次長を呼んで、しばらく会談の後、井田本部長とお客様は
> 1時間後にお帰りになりました。そのあと、あなたは上司
> から2枚の名刺を渡されました。

名刺の余白に書く事項の例

【井田本部長の名刺】
　・今日の日時と所要時間　・秘書は林さん
　・同社森岡課長同行　・山田次長同席
【森岡課長の名刺】
　・今日の日時と所要時間　・眼鏡をかけ、長身
　・井田本部長に随行　・山田次長同席　・30代

ポイント　　■面談の内容が分かっている時はそのことも書いておく。
　　　　　　■面談の内容が不明なときは、上司にそれを聞く必要はない。

まとめ（5分）

学生への語りかけ　「ファイリングとはきれいにしまうことではなく、誰もがすぐに
　　　　　　　　　取り出せることをくれぐれも忘れないでください。そのために
　　　　　　　　　はルールに従って、きちんとファイルすることが必要なのです」

第8章 会議・会合

■フローの例

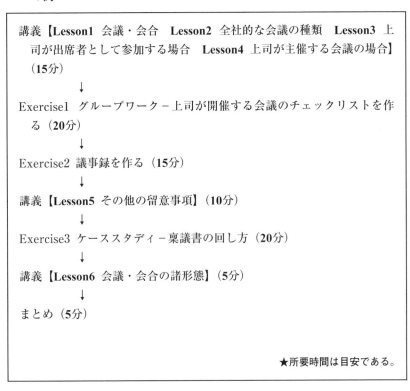

講義【**Lesson1** 会議・会合　**Lesson2** 全社的な会議の種類　**Lesson3** 上司が出席者として参加する場合　**Lesson4** 上司が主催する会議の場合】（**15分**）

↓

Exercise1　グループワーク−上司が開催する会議のチェックリストを作る（**20分**）

↓

Exercise2　議事録を作る（**15分**）

↓

講義【**Lesson5** その他の留意事項】（**10分**）

↓

Exercise3　ケーススタディ−稟議書の回し方（**20分**）

↓

講義【**Lesson6** 会議・会合の諸形態】（**5分**）

↓

まとめ（**5分**）

★所要時間は目安である。

■狙い　　　　　　会議の準備・実施・事後処理などを手落ちなく進め、会議の目的を達成できるようになることを目的とする。

講義【Lesson1　会議・会合　Lesson2　全社的な会議の種類　Lesson3　上司が出席者として参加する場合　Lesson4　上司が主催する会議の場合】（15分）

進め方　　　　　　テキストの流れに沿って解説及び補足説明をする。

ポイント　　　　　■会社によって決算期は異なるが、日本の会社の多くは3月末決算なので、6月末株主総会のところが多い。

ミニノウハウ　　　■会計年度とは、その企業の業績を一年間の単位で締めくくるもので、スタートが1月とは限らない。会計年度（financial year）と暦（calendar year）は違う。

　　　　　　　　　■株式会社では「株主総会」というが、相互会社では「社員総代会」という。相互会社は保険会社独自の会社形態で、契約者が社員となって会社の運営にあたる仕組みの組織なので、株主総会にあたる機関としては、社員の中から選出された社員総代によって構成される社員総代会となっている。

Exercise1　グループワーク―上司が開催する会議のチェックリストを作る（20分）

進め方　　　　　　1　グループワークに入る前に、情報の足りない部分を学生が質問するように導き、次のように答える。

　　　　　　　　　【足りない情報】・本部長の希望する会議開催日は？

　　　　　　　　　　　　　　　　　　　　　　→今月の20〜30日の間

　　　　　　　　　　　　　　　・昼食の用意は？→用意をする。

　　　　　　　　　　　　　　　・会議の場所は？→本社の会議室。

　　　　　　　　　2　5〜6人のグループに分かれ、問題の指示に従い、仕事の流れに沿ったチェックリストを作る。

　　　　　　　　　3　各グループを指名して、1グループに1つずつ順番に発表させ、ポイントを板書する。

　　　　　　　　　4　チェックリストの例をもとに補足説明する。

チェックリストの例　①鈴木さんと田中さんの都合を聞き、会議の日時の候補日を2〜3挙げてもらう。

　　　　　　　　　②鈴木さんと田中さんには趣旨を話し、プレゼンテーションの用意を依頼する。当日配布する要約もできるだけ早く送ってもらうように依頼する。

③各支店長にメールを配信する。メールには用件を簡単に説明
　し、①で挙げられた候補日に出欠をつけてもらい、返信する
　ように依頼する。

④③の返答の中から一番出席者の多い日にちを選ぶ。

⑤本部長に、支店長の出席の多い日にちを伝え、開催日を決定
　してもらう。

⑥各支店長に開催日の決定を連絡し、出席できない人には説明
　して事前に承認を得ておく。

⑦人数に合わせて会議室を予約する。

⑧通知書を作成し、発送する。

⑨出席者リストを作る。

⑩資料を作成する。
　　・要約が届いたら23【20部＋3部（本部長、秘書、ファイ
　　　ル用）】部コピーし、とじる。

⑪　会議室の準備をする。
　　・ＰＣ、プロジェクター、スクリーンの用意
　　・黒板（白板）、マジックペン、水差しの用意
　　・昼食の手配（出席者分）、お茶の準備（当日給仕の手伝
　　　いの人を頼んでおくのもよい）
　　・机を並べる
　　・空調、照明、換気のチェック

⑫会議の前日、鈴木さんと田中さんに再確認する。

（⑬頼まれた場合は議事録を作成する　⑭会議後、欠席者には
資料を送付する）

<u>ミニノウハウ</u>　■実施したところ、上司の「できるだけ皆が出席できる日を選
んでください」という指示に目を向けない学生が多い。会議開
催日をある1日に限定して、各支店長に連絡してしまうケース
が多いので、2〜3の候補日を策定する必要性を強調する。

■講師は会議の準備にあたって、下記のような細かい注意をす
るとよい。
・ＰＣ、プロジェクターの電源は入っているか。
・スクリーンは準備されているか。
・水差しに水が入っているか。
・お手拭は濡れているか。

Exercise2　議事録を作る（15分）

進め方　　　　　**1**　テキストの指示に従って、議事録を書かせる。

2　テキスト中の○年○月○日には、適当な日時を指定する。

3　学生が書き終えたら、議事録の例をコピーして配布し、補足説明する。

ポイント　　　　■議事の内容について、決定事項と要請事項をきちんと分けて書くように指導する。

■議事の経過を簡潔に要領よく書く。

・すべての発言を書く必要はない。

・どのような議題をどのような順序で進行し、それについて誰がどんな発言をし、どんな応答があって、結果として何がどのように決まったのかを書く。

・正確に、明確に書き、記録者の主観を入れない。

議事録の例

```
                                              年　月　日

                      厚生課定例会議議事録

1 日　　　時　　年　月　日　（　）10：00〜11：30
2 場　　　所　　当社第6会議室
3 出　　席　者　　鈴木課長、北野課長代理、中本課長代理、
　　　　　　　　　大宮主任、あなたの名前
4 議　　　題　　全社健康診断計画について
5 議　　　事　　⑴決定事項
　　　　　　　　　　①秋の全社健康診断は10月25日（金）に実施
　　　　　　　　　　　することが決定。
　　　　　　　　　　②内容は昨年と同様だが、成人病の検査も
　　　　　　　　　　　盛り込む。詳細については次回検討する。
　　　　　　　　⑵要請事項
　　　　　　　　　　鈴木課長から社員参加率を昨年の75％から
　　　　　　　　　　90％にするための具体的な対策を次回の会
　　　　　　　　　　議までに考えてくるようにとの要請があった。
6 配　布　資　料　　昨年の全社健康診断計画と実施状況
7 次　回　予　定　　月　日　（　）10：00〜12：00

                                                以上
                                      作成者：あなたの名前
```

ミニノウハウ　　　■議事録とは、会議の成果の記録である。次回の議事進行の参考記録、後日の確認、報告資料となる。

講義【Lesson5　その他の留意事項】（10分）

進め方　　　　　　テキストの流れに沿って解説及び補足説明をする。

ミニノウハウ　　　■国際会議の席順

通常は、国名のアルファベット順に、議長の右隣から順に座る。最初の国（議長の右隣）は抽選で選ぶこともある。以降は、その国の次のアルファベットの国から順に座る。

（寺西千代子著「国際ビジネスのためのプロトコール」より）

■会議室の席順

日本の上位席は大正天皇の御即位の時以来、向かって左となった。それ以前の皇室の作法では天皇が中央、皇后はそのうしろ左だった。国際慣例としては、上位者は向かって左である。

Exercise3　ケーススタディ稟議書の回し方（20分）

進め方　　　　　　1　演習を始める前に、稟議書について説明する。

2　グループに分け、グループごとにテキストの指示に従ってとるべき行動を考え、テキストにまとめさせる。

3　グループごとに口頭で発表させる。

あなたのとる　　　①稟議書はすばやく回さなければならないので、1週間も経理
行動の例　　　　　　部長の机にとめておかないこと。

②部長出張中の業務代行責任者が決まっていたら、その人の所に持っていき、指示を受ける。

③代行責任者が決まっていなかったら、部長の次の職位の管理職に相談する。

④独自の判断で行動しなければならない場合は次のようにする。

・稟議書に添付するメモを書く。

メモの内容　経理部長は1週間出張をしていること。

○月○日出社の予定なので、それまでに稟議書を部長のところへ戻してもらいたいこと。

　　　　　　　　　・メモを持って次の営業本部長（または本部長秘書）のところへ出向き、事情を説明して手渡す。
　　　　　　　　　・経理部長が出社したら、ただちに報告する。そのときに必要なので、稟議書のコピーをとっておくこと。
ミニノウハウ　　　■日本の企業の場合は、稟議書を回す前に、関係者全員に話を通し、内諾を得て（これを根回しという）おくことが多い。

講義【Lesson6　会議・会合の諸形態】（5分）
進め方　　　　　　テキストの流れに沿って解説及び補足説明をする。
ポイント　　　　　■シンポジウムとパネルディスカッションの原則的な違いを明確に説明しておく。

まとめ（5分）
学生への語りかけ　「会議は多くの人が集まって進めるものなので、時間を厳守します。そのために準備を万全にして、時間管理を行いながら、漏れなく進めていかなければならないことに留意しましょう」など。

第9章 ビジネス文書

■フローの例

講義【Lesson1 ビジネス文書の意味と特徴　Lesson2 ビジネス文書の種類　Lesson3 ビジネス文書作成の心得　Lesson4 社外文書の書式】(**30分**)
↓
Exercise1 社外文書を作成する－①通知文を作る (**15分**)
　　　　　　　　　　　　　　②案内文を作る（宿題）
↓
講義【Lesson5 社内文書の書式】(**10分**)
↓
Exercise2 社内文書を作成する－通知文を作る (**25分**)
↓
講義【Lesson6 社交文書のポイント　Lesson7 社交文書（儀礼文書）の書式】(**20分**)
↓
Exercise3 儀礼文書を作成する－①挨拶文を作る (**30分**)
　　　　　　　　　　　　　　②電報文を作る (**10分**)
↓
講義【Lesson8 ビジネス文書の表現の基本(1)基準となる数字を含む言葉、含まない言葉】(**10分**)
↓
Exercise4 例文に適切な数字・言葉を入れる (**5分**)
↓
講義【Lesson8 ビジネス文書の表現の基本(2)数字表現】(**5分**)
↓
Exercise5 数字を縦書きに書く (**5分**)
↓
講義【Lesson9 印鑑の種類と知識】(**10分**)
↓
Exercise6 契約書を訂正する (**10分**)
↓

Exercise7 往復はがきの返信を書く（**5分**）

↓

講義【**Lesson10 ビジネスメール作成のポイント**】（**5分**）

↓

Exercise8 メールを作成する（**20分**）

↓

講義【**Lesson11 封筒の書き方**】（**10分**）

↓

まとめ（**5分**）

★所要時間は目安である。なお、宿題の解答・
説明は講師が次の時間の始めに適当に行う。

授業の開始	以下、フローに従って授業を進める

■狙い　　　　　　目的に適ったビジネス文書を正しく、迅速に書けるように指導する。

講義【Lesson1　ビジネス文書の意味と特徴　Lesson2　ビジネス文書の種類　Lesson3　ビジネス文書作成の心得　Lesson4　社外文書の書式】（30分）

進め方　　　　　テキストの流れに沿って解説及び補足説明をする。

ミニノウハウ　　■先方の名前を2行にまたがって書くのは「身を切る」といって、嫌われるマナー。同様にかつては、先方の名前は便箋の上半分に書き、下半分に書くのは失礼であるというルールもあった。
■時候の挨拶で「小春日和の候は」春と間違えやすいが、正しくは秋。小春は暖かで春に似ているからという陰暦10月の異称。
■年賀状で「1月1日元旦」という表現は間違い。元ははじめ、1年の第1日目を意味し、旦は太陽（日）が地平線から現れ出た様をかたどった文字で、朝を意味する。つまり元旦は1月1日の朝を意味することになるので、1月1日元旦では重複してしまう。

Exercise1　社外文書を作成する

①通知文を作る－電話番号の変更（15分）

進め方　　　　　**1**　テキストの指示に従って、テキストに文書を完成させる（約10分）。
2　時間がきたら好ましい例のコピーを配布し、学生自身に照合させ、間違いを正す。

好ましい例　　　P102参照

ミニノウハウ　　■学生に実施したところ、ビジネス文書の基本を習得した学生なら、比較的短時間で完成できるが、（株）を株式会社と書かずに（株）と書き込んでしまう学生が多かった。

②案内文を作る－創業5周年記念感謝セールのご案内（宿題）

進め方　　　　　**1**　テキストの指示に従って、テキストに文書を完成させる。
2　学生に実施したところ、作成に時間がかかるので、これは宿題とした方がよい。
3　次の授業の冒頭に好ましい例のコピーを配布し、学生自身に照合させ、間違いを正す。

日本株式会社
　　総務部　御中

　　　　　　　　　　　　　　　　　　　　東京株式会社
　　　　　　　　　　　　　　　　　　　　　　総務部

　　　　　　　　　　　電話番号変更のお知らせ

拝啓　陽春の候、貴社にはますますご隆盛のこととお喜び申し上げます。日頃は格別のご愛顧をいただきお礼申し上げます。
　さて、このたび当社の電話番号が下記のとおり変更となりましたので、お手数をおかけいたしますが、名簿などご訂正くださいますようお願い申し上げます。
　まずはとり急ぎご通知申し上げます。　　　　　　　　　　敬　具

　　　　　　　　　　　　　記

1　変更日　　　　4月15日（火）から
2　新電話番号　　03-3111-2222（代）

　　　　　　　　　　　　　　　　　　　　　　　以　上

　　　　担当：総務課　岡野三郎　電話03-3111-2222
　　　　　　　（4月14日までは03-3222-4444）

営発第27号

○年9月1日

お得意様　各位

株式会社サンオー

代表取締役社長　栗本　明　㊞

創業5周年記念感謝セールのご案内

拝啓　秋涼の候、皆様にはいよいよご清栄のこととお慶び申し上げます。平素は格別のご愛顧をいただき厚くお礼申し上げます。

　さて、本年9月15日をもちまして当社は創業5周年を迎えます。これもひとえにお客様各位のお引き立てによるものと心から感謝いたしております。

　この機会に当社では長年にわたるご厚意への謝意をこめて来たる9月15日から下記のとおり、創業5周年記念感謝セールを実施いたします。皆様お誘い合わせの上、多数ご来店賜りますようお願い申し上げます。従業員一同心よりお待ちしております。

　まずはご案内申し上げます。　　　　　　　　　　　　敬　具

記

1　セール期間　　　9月15日〜9月22日
2　期間中割引率　　全商品　30パーセント割引

以　上

担当：営業部　近藤典子

電話 03-3111-5566（直通）

好ましい例	P104参照
ミニノウハウ	■学生に実施したところ、9月15日(木)〜22日(木)の1週間と書く学生が多かった。正しくは8日間。ビジネス文書は正確であることが第一なので、基本的な誤りに注意する。

講義【Lesson5 社内文書の書式】
Exercise2 社内文書を作成する－通知文を作る（25分）

進め方	1　テキストの指示に従って、学生にテキストに文書を完成させる（10分）。 2　時間がきたら好ましい例のコピーを配布し、学生自身に照合させ、間違いを正す。
好ましい例	P105参照 ■社内文書には儀礼的な必要はないので、社外文書の書式から次のものを省く。 　・頭語、結語　・前文　・末文 　当然ながら受信者と発信者のところには社名はいれない。丁重に書く必要はなく、用件のみを伝える。
ミニノウハウ	■学生に実施したところ、「営業課長　各位」がきちんと書けている学生が少なかった。「各営業課長　殿」や「営業課長達様」などが多かった。

講義【Lesson6 社交文書のポイント　Lesson7 社交文書（儀礼文書）の書式】
　（20分）

進め方	テキストの流れに沿って解説及び補足説明をする。 ■社交文書のポイント 　・文書番号はつけないことが多い。 　・件名はつけないことが多い。 　・縦書きが多い。 　・追記は「追って書き」の意味があるので不祝儀の文書には用いない。 　・縦書きの文書はアラビア数字ではなく、漢数字を用いるのが一般的。

| ミニノウハウ | ■忌み言葉は不吉な意味を暗示するので、昔から嫌われた言葉。結婚や見舞い、悔やみなどでは重なることが不吉なので、重ね言葉は避ける。どうしても言わなければならない時には次のように言い換えたものも昔の知恵である。 |

　　四→「死」を連想するので「よ」と言う。

　　九→「苦」を連想するので「ここのつ」と言う。

　　梨→「無し」を連想するので「ありの実」と言う。

　　猿→「去る」を連想するので「えて」と言う。

　　塩→「死」を連想するので「浪の花」と言う。

　　すり鉢→「する」を連想するので「あたり鉢」と言う。

　　硯箱→「する」を連想するので「あたり箱」と言う。

Exercise3　儀礼文書を作成する

①挨拶文を作る－就任の挨拶（30分）

進め方	**1**　テキストの指示に従って、学生にテキストに文書を完成させる（約20分）。
	2　時間がきたら好ましい例のコピーを配布し、学生自身に照合させ、間違いを正す。
好ましい例	P 108参照
ポイント	■「私儀」または「私こと」のように自分のことを言うときは、文頭から書かずに例のように下に書くことが正式の書き方である。しかし、現在は文頭から「私儀」や「私こと」と書いた挨拶文も多く見られるようになったので、両方の書き方があることを伝える必要がある。
ミニノウハウ	■かつては挨拶状などには句読点をつけなかった（今でも稀に句読点のない挨拶状を見かけることがある。忌み明けの礼状には句読点がないのが普通である）。これは、句読点はもともと満足に文章が読めない人のために使われるようになったものだから、そんなものを挨拶文に入れるのは失礼だという考え方からである。

営業課長　各位

営業部長　田口　強　㊞

営業企画会議について（通知）

下記により、標記の会議を行いますから出席願います。

記

1．日時　　７月10日（木）14：00 ～ 16：00
2．場所　　第２会議室（８階）
3．議題　　(1)　上半期の営業成績の報告
　　　　　　(2)　下半期の販売割当
　　　　　　(3)　その他

なお資料は席上配布します。

以　上

担当：営業本部　山崎
（内線　678）

謹啓　秋晴れの候、ますますご清祥のこととお慶び申し上げます。平素はひとかたならぬお引き立てを賜わり厚くお礼申し上げます。

このたび定期人事異動によりまして、箱崎浩二の後任として総務部長に就任いたしました。

さて、私こと、

もとより微力でございますが、皆様のご期待に沿うよう専心努力いたす所存でございますので、前任者同様のご指導ご支援を賜わりますようお願い申し上げます。

略儀ながら書中をもってお願いかたがたご挨拶申し上げます。

敬白

〇年十月

株式会社　農林金庫

総務部長　水谷義則

②電報文を作る－昇進の祝いの電報（10分）

進め方　　　　　1　テキストの指示に従って、学生にテキストに文書を完成させる（約5分）。
　　　　　　　　2　時間がきたら数人の学生を指名し、答えを板書し、補足説明する。

祝電の好ましい例　ご栄転おめでとうございます。心よりお喜び申し上げます。今後のご健勝と貴社のご発展をお祈り申し上げます。

ポイント　　　　■下位から上位へ書く文章では言葉の使い方に気をつける。「ご健闘」や「ご活躍」を祈るのは、上から下へおくる言葉というニュアンスがあるので、使わないようにした方がよい。

講義【Lesson8　ビジネス文書の表現の基本(1)基準となる数字を含む言葉、含まない言葉】（10分）

進め方　　　　　テキストの流れに沿って解説及び補足説明をする。

Exercise4　例文に適切な数字・言葉を入れる（5分）

進め方　　　　　項目ごとに学生を指名し、その場で答えさせる。

解答　　　　　　①6　②2　③まない　④5　⑤28　⑥む

講義【Lesson8　ビジネス文書の表現の基本(2)数字表現】（5分）

進め方　　　　　テキストの流れに沿って解説及び補足説明をする。

ミニノウハウ　　■壱、弐、参、拾などは強字という。これらを領収書などで使うのは、一、二、三、十などの数字は改ざんをされやすいので、それを防ぐためである。

Exercise5　数字を縦書きに書く（5分）

進め方　　　　　項目ごとに学生を指名し、板書させる。

解答　　　　　　　（1）　　　　　　　　　　（2）

（1）金参百弐拾壱万円也

（2）金弐千四百参拾壱万円也

講義【Lesson9　印鑑の種類と知識】（10分）

進め方　　　　テキストの流れに沿って解説及び補足説明をする。

ポイント　　　■それぞれの印鑑の例図を講師が板書して説明すると分かりや
　　　　　　　すい。

契印または割印　　　　　　　　　捨て印

ミニノウハウ　　■「印鑑」「判子」「印影」の意味

印鑑…本来の意味は、あらかじめ官公庁などに届け出た印影の
　　　ことを指す。後で、印鑑と印影を照合して真偽を見分け
　　　るのが目的。日常用語では、判子と同義語として使われ
　　　ることが多い。

判子…印章、印判、判が同義語で、文字を刻んだものをいう。
　　　印顆ともいう。

印影…判子で押した跡のこと。

（古山隆著「印鑑"これだけ"法律常識」より）

Exercise6　契約書を訂正する（10分）

<u>進め方</u>　　　　　1　学生にテキストに書かせ、訂正印を押させる。印がなけれ
ば手書きでもよい。
2　1行ごとに学生を指名し、板書させる。

<u>好ましい例</u>

第6条（契約の有効期間）本契約の有効期間は2015年~~3~~月14日　　壱字訂正
（上に 7）

より満~~十~~年間とする。上記満了の1ヵ月前までに契約条項の変更また　　壱字訂正
（下に 2、期間）　　　　　　　　　　　　　　　　　　　　　　　　弐字加入

は解約の申し入れが為されない場合は本契約は更に満1ヵ年自動的に

更新されるもの~~とし、以降も同様~~とする。但し、有効期間中であって　　八字抹消

も3ヵ月前の予告をもって、この契約を解約できるものとする。

<u>ポイント</u>　　　　　■訂正印は文書の欄外に文書の押印に用いた同じ印鑑で、全員
が押印する。
■誤った文字は消さないで、必ず二重線を引くこと。
<u>ミニノウハウ</u>　　　■訂正印は文書を勝手に訂正されないために押す印。訂正印を
押したために下の文字が読めなくならないように、朱肉は軽く
つけるのがポイント。

Exercise7　往復はがきの返信を書く（5分）

<u>進め方</u>　　　　　学生にテキストに書かせた後、数人の学生を指名し、葉書の表
と裏に書くべきことを板書させる。

好ましい例

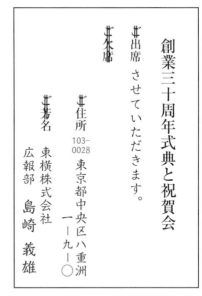
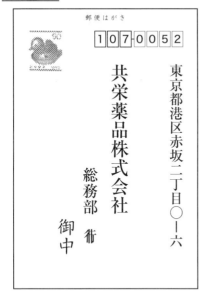

<u>ポイント</u>　　　■学生は「ご芳名」の「芳」の字を消すのを忘れがちである。「芳」の意味を説明すると分かりやすい。

講義【Lesson10　ビジネスメール作成のポイント】（5分）

<u>進め方</u>　　　ビジネスメール作成のポイントについて実例を示しながら説明する。

<u>ミニノウハウ</u>　メールは活用されるようになってから歴史的に浅いので、ビジネス文書のような明確な書式やルールは定まっていない。しかし、テキストに挙げたポイントとなっている項目は一般的に認知されているものである。

Exercise8　メールを作成する（20分）

<u>進め方</u>　　　テキストの指示に従って、学生にメールの画面欄にメール文を完成させる。

好ましい例

送信(S)	CC(C)	
	件名(U)	昨日のお礼（平和印刷　中村です）

株式会社　東西広告会社
　広報部長　吉岡勇　様

平和印刷株式会社の中村でございます。
いつもお世話になっております。

さて、昨日はお忙しいところお時間を割いていただき、誠にありがとうございました。
おかげさまで広告業界について理解を深めることができました。
今後ともなにとぞよろしくお願い申し上げます。
メールにて失礼ですが、取り急ぎお礼申し上げます。

★★★
平和印刷株式会社　営業部　中村百合
〒111-2222　東京都千代田区○○9-6-15
ＴＥＬ　03-1111-226○
e-mail　nakamura@○○.co.jp
★★★

ミニノウハウ　　　最後に署名をつけるのを忘れないように説明する。署名はあら
　　　　　　　　　かじめ作って登録しておく。

講義【Lesson11　封筒の書き方】（10分）
進め方　　　　　テキストの流れに沿って解説及び補足説明をする。

まとめ（5分）

<u>学生への語りかけ</u>　「ビジネス文書にはその目的に応じた書式があります。なぜ書式があるのかとその理由を探るには、書式がないことを想像してみれば理解できます。書式がないと、人は自由に用件を書きます。件名をつけない人もあるでしょう。発信日付を書きもらす人、箇条書きにしないで文章をだらだらと長くする人、1枚の書面に2つ以上の用件を書く人など、いろいろなパターンが生まれるでしょう。決まった形がないと、書く人は自由に書ける反面、そのつど形を考えて書かなければならず、作成に時間がかかります。こうした書面を受け取った人は、まず読みにくいはずです。用件を理解できない人も出てくるでしょう。このように考えれば明らかなように、書式があることにより、ビジネス文書は無駄なく、正確に、短時間で書くことができるのです。また受け取った人も正確に短時間で用件を捉えることができます。

　ビジネス文書の書式やルールは煩雑かもしれませんが、これを覚えることによって結果として、ビジネスをスムーズに遂行できるのです」

第10章 受信と発信

■フローの例

講義【**Lesson1** 受信文書の取扱い　**Lesson2** 発信文書の取扱い
　Lesson3 秘扱い文書のポイント】（**15分**）

　　↓

Exercise1　グループディスカッション－発送した手紙が届いていない！
（**15分**）

　　↓

Exercise2　ケーススタディ－ケース別の郵送手段①～②（**15分**）

　　　　①上司から「これは重要な書類だから」と言われて郵送する時

　　　　②同じ手紙を一度に200通郵送する時

　　　　↓

まとめ（**5分**）

★所要時間は目安である。

■狙い　　　　　郵便物の受信と発信の基本を理解させるとともに、的確な受信・発信ができるようにする。

講義【Lesson1　受信文書の取扱い　Lesson2　発信文書の取扱い　Lesson3　秘扱い文書のポイント】(15分)

進め方　　　　　テキストの流れに沿って解説及び補足説明をする。

ミニノウハウ　　■雑誌や刊行物などが多い場合は、その目次のみをコピーして上司に渡せば、上司はそれを見て興味があるかどうかをチェックできる。興味があればその該当する雑誌を渡せばよい。上司の机上が乱雑になることを防ぎ、上司が雑誌を1冊ずつ開けてチェックする面倒さを省くこともできる。

　　　　　　　　■間違えて個人郵便物を開封した時は、丁寧に元通りに折りたたみ、封筒に入れる。メモに「気づかずに開封してしまいました。申し訳ございません」などのようにお詫びの言葉を書き添える。上司が在席であれば、口頭でも詫びる。

　　　　　　　　■郵便物が自社まで郵便物を配達してくれる方法のほかに、郵便私書箱を利用する方法がある。郵便局との契約で郵便局に私設郵便受けの箱を設け、局が直接その箱に契約者宛の郵便物を入れておくシステムで、配達の時間を短縮し、事故を防ぐ意味がある。秘書が私書箱まで取りに行く場合は、配布時刻を聞き、それに合わせて行くようにすれば郵便物受取の時間短縮になる。

ポイント　　　　■テキストに書いてある手順は基本だが、ポイントは実施の際の応用も含まれるので、講義はポイント欄に重点をおいて行う。

　　　　　　　　■紙の折り方の実習も入れるとよい。

Exercise1　グループディスカッションー発送した手紙が届いていない！(15分)

進め方　　　　　1　5～6人のグループに分け、グループディスカッションさせる。

　　　　　　　　2　グループ代表者に意見を発表させる。

ポイント　　　　■発信簿で発信日付と発送手段を確認する。

　　　　　　　　■その手紙の控えがあるかどうか、同封物の用意があるかどうかを確認する。

　　　　　　　　■お客様に電話して、確実に発信した日付を伝え、その手紙の
　　　　　　　　コピー及び同封物の用意があり、再発送できることを伝え、お
　　　　　　　　客様の返事をいただく。その際、もう一度お客様の住所、担当
　　　　　　　　部署、担当の方のお名前を確認する。
　　　　　　　　■以上のことを上司に報告する。
　　　　　　　　■再発送の場合は、上司の意向も聞き、速達、書留、書留速
　　　　　　　　達、ビジネス宅配、バイク便などの郵送手段を選ぶ。
ミニノウハウ　　■発信簿で発送手段を確認した時、書留や宅配便など、発送の
　　　　　　　　手段によってそのルートをチェックできるものはすばやく問い
　　　　　　　　合わせる。

Exercise2　ケーススタディーケース別の郵送手段①〜②（15分）

進め方　　　　　学生を指名して、その場で答えさせる。

ポイント　　　　■このときに、書留、料金別納、料金後納、料金受取人払い、
　　　　　　　　配達証明、内容証明など郵便の基礎知識を教えておきたい。
　　　　　　　　・書留…引受けから配達まで記録し、その証跡を明らかにす
　　　　　　　　る郵便。①一般書留は手形や小切手を送る時に②簡易書留は
　　　　　　　　「秘」扱い文書や生原稿を送る時に③現金書留は現金を送る時
　　　　　　　　に利用する。
　　　　　　　　・料金別納郵便…料金が同じ郵便物を同時に10通以上出すとき
　　　　　　　　に利用する。切手を貼る必要がないため手間が省ける。料金は
　　　　　　　　まとめて窓口で支払う。
　　　　　　　　・料金後納郵便…毎月50通以上の郵便物を出すときに利用す
　　　　　　　　る。切手を貼る必要はない。料金は期日までに一括して現金で
　　　　　　　　支払う。
　　　　　　　　・料金受取人払い…アンケートなどで相手に料金負担をかけず
　　　　　　　　に返信をもらいたいときに利用する。受取人は返信を受けた分
　　　　　　　　だけの郵便料金を支払う。
　　　　　　　　・配達証明…郵便局において郵便物の配達を終えた時、その郵
　　　　　　　　便物を配達した事実を証明すること。
　　　　　　　　・内容証明…郵便局において郵便物にした文書の内容を謄本で
　　　　　　　　証明すること。

解答　　　　　　ケース①　簡易書留　　ケース②　料金別納

まとめ（5分）

学生への語りかけ　「ビジネス社会では多数の重要な文書が往来しています。それ
　　　　　　　　　らを確実に発送し、正確に受信することは、業務を円滑に遂行
　　　　　　　　　する決め手となります。受信と発信のポイントと知識を身に付
　　　　　　　　　けて、迅速な処理ができるようにしましょう」など。

第11章 慶弔

■フローの例

講義【Lesson1 慶事の種類　Lesson2 慶事の知らせを受けた時の秘書の
心得　Lesson3 慶弔時の服装　Lesson4 弔事の流れ　Lesson5 焼香の
仕方、線香のあげ方　Lesson6 祝儀・不祝儀袋のポイント　Lesson7
祝儀・不祝儀袋の上書きと水引　Lesson8 袱紗（ふくさ）　Lesson9
弔事を手伝う時の心得】（40分）
　　　　　↓
Exercise1 グループディスカッション－弔事の受付の手伝いをする場合
の心得（20分）
　　　　　↓
まとめ（5分）

★所要時間は目安である。

講義【Lesson1　慶事の種類　Lesson2　慶事の知らせを受けた時の秘書の心得　Lesson3　慶弔時の服装　Lesson4　弔事の流れ　Lesson5　焼香の仕方、線香のあげ方　Lesson6　祝儀・不祝儀袋のポイント　Lesson7　祝儀・不祝儀袋の上書きと水引　Lesson8　袱紗（ふくさ）　Lesson9　弔事を手伝う時の心得】（40分）

進め方　　　　　テキストの流れに沿って解説及び補足説明をする。

ミニノウハウ　　■社員、その家族の訃報に接したら、上司の指示に従って迅速に的確に行動することが求められる。

■訃報に接した時に死因などを聞かないこと。残された家族の気持ちに細心の注意を払う。

■予定された慶事と違って、弔事の知らせは突然訪れる。日頃から香典袋、香典を包むふくさ、黒ネクタイ、喪章などを備えておく。

Exercise1　グループディスカッション　弔事の受付の手伝いをする場合の心得（20分）

進め方　　　　　1　数人のグループに分け、問題をよく読んで、弔事の受付をする場合に気を付けなければならないことをグループディスカッションさせる。

2　意見をテキストに書かせる。

3　グループの代表者に意見を発表させ、講師はそれを板書する。

心得の例　　　　■弔事では親族が参列して、弔問客の応対ができないので、事前によく相談して、その意志のとおりに動き、身内として弔問客に応対することが必要。

■香典を受け取る場合は、まず最敬礼し、両手で受取り、記帳をすすめる。

言葉の例：「恐れ入ります」「お忙しいところ、恐縮に存じます」

「いらっしゃいませ」や「ありがとうございます」等の言葉は避けること。

■香典は現金が入っているので、取り扱いには細心の注意を払う。香典を置いたままにして、席をはずさない。

■服装は喪服を着用する。化粧は控えめにする。特に口紅は華やかな色にならないように気を付ける。長い髪はきちんとまとめ、髪飾りはつけない。靴は黒。ヒールが高くなく、飾りがなく光らないもの。マニキュアは落とし、アクセサリーはつけない（つけるなら小粒の真珠のネックレスくらい）。

■参列者が多くて受付の行列が長くなる時は、一か所に固まらないように記帳所を数カ所に設け、参列者の誘導をする。

■参列者へのお見送りは、立って行う。わざわざ会葬していただいた感謝の気持ちを込めて最敬礼する。

■弔事の受付なので、大声で話したり、笑顔にならないように気を付ける。

まとめ（5分）

<u>学生への語りかけ</u>　「お祝いごとは喜びをともに分かち合う気持で臨みましょう。弔事は悲しみの場なので、遺族の気持ちを傷つけないように言動に注意する必要があります。また弔事は古くからの慣習が根強く残っています。慣習から外れた言動をすると、自分ではそう思ってなくても故人を悼む気持ちが薄いと思われてしまいますので、それらを知っておく必要があります」など。

参考文献

武田秀子著「秘書新論」中央経済社

岡田小夜子著「心のこもったビジネス文書の書き方」中央経済社

湯浅喜美子・武田秀子・岡田小夜子著「ビジネスゲーム　仕事の基本、職場のルール」ＰＨＰ研究所

湯浅喜美子・武田秀子・北村律子・岡田小夜子著「女子社員教育実践マニュアル」日本能率協会

倉谷好郎・小松崎清介・高原康彦・宇賀神博・藤川博巳著「ＯＡシステム概論」オーム社

粂井高雄編著「手にとるようにパソコンのことがわかる本」かんき出版

文化庁編「敬語」大蔵省印刷局

関西経営者協会編「接遇訓練コースマニュアル」

「最新情報・用語辞典データパル」小学館

古山隆著「印鑑“これだけ”法律常識」日本実業出版社

田中久子著「フレッシュＯＬの基本知識」文化出版局

日本産業訓練協会「会議指導法」

板坂元著「紳士の作法」

寺西千代子著「国際ビジネスのためのプロトコール」有斐閣ビジネス

R.I.Anderson, Ed.D., 他3名 "The Administrative Secretary, Second Edition" Gregg Div., McGraw-Hill Book Co.

L.Doris＆B.M.Miller "Complete Secretary's Handbook" Pentice-Hall, INC.N.J U.S.A.

Tilton, Jackson, Popham "Secretarial Procedures and Administration" South-Western Publishing Co.

秘書・オフィス実務テキストワークブック　改訂版　講義用指導書

2016年2月10日　　改訂初版発行

著　者　武田秀子／岡田小夜子©
発行者　笹森哲夫
発行所　早稲田教育出版
　　　　〒169-0075 東京都新宿区高田馬場一丁目4番15号
　　　　株式会社早稲田ビジネスサービス
　　　　電話（03）3209-6201